# Times Ta Challenge

**Written by Eddy Krajcar and Lisa Tiivel
Published by Prim-Ed Publishing**

# Foreword

Instead of doing repetitive chants and playing games in class - where the majority are waiting for their turn - try *Times Table Challenge* and include the whole class simultaneously.

*Times Table Challenge* is highly motivational and fun for children of all ages. Children will actually want to learn and improve on their times tables.

This concept has been successfully tried and tested for Key Stage 2 pupils.

The original idea was conceived by Colin Harris.

Try it and see the students' enthusiasm and learning grow.

# Contents

| | |
|---|---|
| Teachers Notes | ii - iii |
| The 50 Club Record Page | iv |
| Focus Series Record Page | v |
| Challenger Series Record Page | vi |
| Times Table Challenge Certificates | vii |

## Focus Series

| Level | Focus | Page |
|---|---|---|
| A | 0 - 2 | 1 |
| B | 2, 3 | 2 |
| C | 3, 4 | 3 |
| D | 0 - 4 | 4 |
| E | 4, 5 | 5 |
| F | 0 - 5 | 6 |
| G | 5, 6 | 7 |
| H | 0 - 6 | 8 |
| I | 6, 7 | 9 |
| J | 0 - 7 | 10 |
| K | 7, 8 | 11 |
| L | 0 - 8 | 12 |
| M | 8, 9 | 13 |
| N | 0 - 9 | 14 |
| O | 9, 10 | 15 |
| P | 0 - 10 | 16 |
| Q | 10, 11 | 17 |
| R | 0 - 11 | 18 |
| S | 11, 12 | 19 |
| T | 0 - 12 | 20 |

## Challenger Series

| | | |
|---|---|---|
| AA | Very Easy | 21 |
| BB | Pretty Easy | 22 |
| CC | Easy | 23 |
| DD | Sort of Easy | 24 |
| EE | Not so Easy | 25 |
| FF | Getting Tricky | 26 |
| GG | This is Tricky | 27 |
| HH | Almost Extreme | 28 |
| II | This is Extreme | 29 |
| JJ | Beyond Extreme | 30 |
| | Answers | 31 - 32 |

# Teachers Notes

## 1. Photocopy

Pages contain double copies of the same focus to save photocopying. You will only need to copy one page for every two students, cutting your photocopying requirements in half.

## 2. How to Use

The *Focus Series* is designed to focus on the tables listed at the top of each page. For example, this level focuses on tables 0, 1, and 2.

### Strategy 1

All students commence at the beginning of the *Focus Series* on Level A and work their way through to Level T.

### Strategy 2

Choose a particular focus you wish to reinforce. For example, six and seven times tables. You could use this focus for one or more sessions.

The *Challenger Series* can be used once a week or fortnightly to provide students with a different challenge. All students begin at Level AA and work their way through to Level JJ. The *Challenger Series* is a mixture of all times tables which becomes progressively difficult at each new level.

## 3. Timing

Allow the students three minutes to do their 50 problems.

It is recommended that *Times Table Challenge* is used daily or as you feel necessary. Below is an example of a timetable.

| Week One | | | | |
|---|---|---|---|---|
| Monday | Tuesday | Wednesday | Thursday | Friday |
| Focus Series - Level A | Focus Series - Level A or B | Focus Series - Level A, B or C | Focus Series - Level A, B, C or D | Challenger Series - Level AA |

## 4. Marking

Students can swap work and mark the answers as the teacher calls them out. Answers are available on pages 31 and 32.

Students count up the number correct and record the score out of 50 at the bottom of the page.

For those students who are struggling with their tables, circle the tables which are causing the most concern, so students can direct their learning.

The teacher may want to occasionally collect the students' sheets to check the accuracy of marking.

## Teachers Notes cont.

### 5. Recording

Record students' scores on the appropriate record sheet. *Focus Series Record Sheet* available on page v and *Challenger Series Record Sheet* available on page vi. Write the date at the top of a new column and include the level and score of each child attending that lesson.

| NAME | 3/4 | 5/4 | 10/4 | DATE 12/4 | DATE 17/4 | DATE 19/4 |
|---|---|---|---|---|---|---|
| Adam | A/50 | B/40 | B/48 | B/50 | C/45 | C/50 |
| Alexandria | A/48 | A/50 | B/50 | C/45 | C/50 | D/36 |
| Belinda | A/50 | B/50 | C/42 | C/50 | D/30 | D/42 |

*Focus Series Record Sheet*

Students scoring 50 out of 50 can be written onto *The 50 Club* sheet, available on page iv. This sheet could be displayed on a notice board in the classroom.

We recommend you renew *The 50 Club* sheet at the beginning of each new week.

### 6. Rewards

If, by the end of the week, students have their name recorded on *The 50 Club* sheet, they are entitled to receive a certificate, available on page vii, to recognise their achievement.

### 7. Moving On

As students receive 50 out of 50 in level A, for example, they will be able to move onto level B for the next lesson.

The students who do not receive 50 out of 50 for level A, will need to remain on level A until they achieve 50 out of 50.

This will not be an appropriate strategy for students who struggle with tables. For these students, it is recommended they have three attempts on each level. If unsuccessful after three attempts, it is suggested to alter the task by either increasing the time or reducing the number of tables expected to be completed. This will help to provide the student with some level of success and encourage further interest in the task at hand. Discretion will be needed to ensure children are able to cope with the set tasks.

### 8. Homework

For those students having difficulty or wanting to improve further – give them copies of *Times Table Challenge* to do at home.

# Focus Series Record Sheet

| NAME | | | | | DATE | DATE | DATE | | | |
|------|---|---|---|---|------|------|------|---|---|---|
| | | | | | | | | | | |
| | | | | | | | | | | |
| | | | | | | | | | | |
| | | | | | | | | | | |
| | | | | | | | | | | |
| | | | | | | | | | | |
| | | | | | | | | | | |
| | | | | | | | | | | |
| | | | | | | | | | | |
| | | | | | | | | | | |
| | | | | | | | | | | |
| | | | | | | | | | | |
| | | | | | | | | | | |
| | | | | | | | | | | |
| | | | | | | | | | | |
| | | | | | | | | | | |
| | | | | | | | | | | |
| | | | | | | | | | | |
| | | | | | | | | | | |
| | | | | | | | | | | |
| | | | | | | | | | | |
| | | | | | | | | | | |
| | | | | | | | | | | |
| | | | | | | | | | | |
| | | | | | | | | | | |
| | | | | | | | | | | |
| | | | | | | | | | | |
| | | | | | | | | | | |

# Challenger Series Record Sheet

| NAME | | | | DATE | DATE | DATE | | | |
|------|--|--|--|------|------|------|--|--|--|
| | | | | | | | | | |
| | | | | | | | | | |
| | | | | | | | | | |
| | | | | | | | | | |
| | | | | | | | | | |
| | | | | | | | | | |
| | | | | | | | | | |
| | | | | | | | | | |
| | | | | | | | | | |
| | | | | | | | | | |
| | | | | | | | | | |
| | | | | | | | | | |
| | | | | | | | | | |
| | | | | | | | | | |
| | | | | | | | | | |
| | | | | | | | | | |
| | | | | | | | | | |
| | | | | | | | | | |
| | | | | | | | | | |
| | | | | | | | | | |
| | | | | | | | | | |
| | | | | | | | | | |
| | | | | | | | | | |
| | | | | | | | | | |
| | | | | | | | | | |
| | | | | | | | | | |
| | | | | | | | | | |
| | | | | | | | | | |
| | | | | | | | | | |

# Certificate

## Congratulations!

Name: _____

**Your next challenge awaits you!**

Signature _____  Date _____

---

# Certificate

## Congratulations!

Name: _____

**You have successfully completed the Times Table Challenge.**

Signature _____  Date _____

**FOCUS**

Date: _____
Name: _____

**Level A**  Focus: 0 - 2

1.  4 × 1 = ____
2.  2 × 0 = ____
3.  8 × 1 = ____
4.  3 × 2 = ____
5.  1 × 10 = ____
6.  6 × 1 = ____
7.  2 × 5 = ____
8.  7 × 2 = ____
9.  1 × 5 = ____
10. 2 × 10 = ____
11. 1 × 6 = ____
12. 2 × 4 = ____
13. 9 × 1 = ____
14. 2 × 2 = ____
15. 6 × 2 = ____
16. 7 × 1 = ____
17. 9 × 2 = ____
18. 1 × 1 = ____
19. 2 × 1 = ____
20. 8 × 2 = ____
21. 4 × 2 = ____
22. 1 × 0 = ____
23. 1 × 4 = ____
24. 2 × 3 = ____
25. 2 × 7 = ____

26. 11 × 1 = ____
27. 2 × 9 = ____
28. 0 × 2 = ____
29. 2 × 11 = ____
30. 1 × 7 = ____
31. 12 × 1 = ____
32. 12 × 2 = ____
33. 0 × 8 = ____
34. 2 × 8 = ____
35. 0 × 1 = ____
36. 1 × 11 = ____
37. 5 × 2 = ____
38. 11 × 2 = ____
39. 0 × 5 = ____
40. 1 × 3 = ____
41. 1 × 9 = ____
42. 12 × 1 = ____
43. 1 × 8 = ____
44. 10 × 1 = ____
45. 3 × 1 = ____
46. 1 × 2 = ____
47. 12 × 0 = ____
48. 10 × 2 = ____
49. 2 × 6 = ____
50. 2 × 12 = ____

Your Score: _____

TIMES TABLE CHALLENGE - Prim-Ed Publishing - 1

**SERIES**

---

**FOCUS**

Date: _____
Name: _____

**Level A**  Focus: 0 - 2

1.  4 × 1 = ____
2.  2 × 0 = ____
3.  8 × 1 = ____
4.  3 × 2 = ____
5.  1 × 10 = ____
6.  6 × 1 = ____
7.  2 × 5 = ____
8.  7 × 2 = ____
9.  1 × 5 = ____
10. 2 × 10 = ____
11. 1 × 6 = ____
12. 2 × 4 = ____
13. 9 × 1 = ____
14. 2 × 2 = ____
15. 6 × 2 = ____
16. 7 × 1 = ____
17. 9 × 2 = ____
18. 1 × 1 = ____
19. 2 × 1 = ____
20. 8 × 2 = ____
21. 4 × 2 = ____
22. 1 × 0 = ____
23. 1 × 4 = ____
24. 2 × 3 = ____
25. 2 × 7 = ____

26. 11 × 1 = ____
27. 2 × 9 = ____
28. 0 × 2 = ____
29. 2 × 11 = ____
30. 1 × 7 = ____
31. 12 × 1 = ____
32. 12 × 2 = ____
33. 0 × 8 = ____
34. 2 × 8 = ____
35. 0 × 1 = ____
36. 1 × 11 = ____
37. 5 × 2 = ____
38. 11 × 2 = ____
39. 0 × 5 = ____
40. 1 × 3 = ____
41. 1 × 9 = ____
42. 12 × 1 = ____
43. 1 × 8 = ____
44. 10 × 1 = ____
45. 3 × 1 = ____
46. 1 × 2 = ____
47. 12 × 0 = ____
48. 10 × 2 = ____
49. 2 × 6 = ____
50. 2 × 12 = ____

Your Score: _____

TIMES TABLE CHALLENGE - Prim-Ed Publishing - 1

**SERIES**

## Level B  Focus: 2, 3

Date: _____
Name: _____

1. 2 X 2 = ____
2. 3 X 0 = ____
3. 10 X 2 = ____
4. 1 X 3 = ____
5. 2 X 0 = ____
6. 1 X 2 = ____
7. 3 X 2 = ____
8. 2 X 5 = ____
9. 2 X 4 = ____
10. 10 X 3 = ____
11. 3 X 3 = ____
12. 2 X 6 = ____
13. 0 X 2 = ____
14. 6 X 2 = ____
15. 4 x 2 = ____
16. 2 X 8 = ____
17. 2 X 12 = ____
18. 3 X 4 = ____
19. 3 X 5 = ____
20. 6 X 3 = ____
21. 2 X 3 = ____
22. 2 X 7 = ____
23. 3 X 7 = ____
24. 9 X 3 = ____
25. 3 X 6 = ____
26. 3 X 8 = ____
27. 8 X 2 = ____
28. 3 X 9 = ____
29. 9 X 2 = ____
30. 5 X 3 = ____
31. 7 X 2 = ____
32. 2 X 10 = ____
33. 11 X 3 = ____
34. 7 X 3 = ____
35. 3 X 10 = ____
36. 5 X 2 = ____
37. 2 X 9 = ____
38. 4 X 3 = ____
39. 3 X 11 = ____
40. 8 X 3 = ____
41. 0 X 3 = ____
42. 2 x 11 = ____
43. 12 X 2 = ____
44. 2 X 1 = ____
45. 2 x 3 = ____
46. 12 X 3 = ____
47. 12 X 2 = ____
48. 11 x 2 = ____
49. 3 X 12 = ____
50. 3 X 1 = ____

Your Score: _____

TIMES TABLE CHALLENGE - Prim-Ed Publishing - 2

---

## Level B  Focus: 2, 3

Date: _____
Name: _____

1. 2 X 2 = ____
2. 3 X 0 = ____
3. 10 X 2 = ____
4. 1 X 3 = ____
5. 2 X 0 = ____
6. 1 X 2 = ____
7. 3 X 2 = ____
8. 2 X 5 = ____
9. 2 X 4 = ____
10. 10 X 3 = ____
11. 3 X 3 = ____
12. 2 X 6 = ____
13. 0 X 2 = ____
14. 6 X 2 = ____
15. 4 x 2 = ____
16. 2 X 8 = ____
17. 2 X 12 = ____
18. 3 X 4 = ____
19. 3 X 5 = ____
20. 6 X 3 = ____
21. 2 X 3 = ____
22. 2 X 7 = ____
23. 3 X 7 = ____
24. 9 X 3 = ____
25. 3 X 6 = ____
26. 3 X 8 = ____
27. 8 X 2 = ____
28. 3 X 9 = ____
29. 9 X 2 = ____
30. 5 X 3 = ____
31. 7 X 2 = ____
32. 2 X 10 = ____
33. 11 X 3 = ____
34. 7 X 3 = ____
35. 3 X 10 = ____
36. 5 X 2 = ____
37. 2 X 9 = ____
38. 4 X 3 = ____
39. 3 X 11 = ____
40. 8 X 3 = ____
41. 0 X 3 = ____
42. 2 x 11 = ____
43. 12 X 2 = ____
44. 2 X 1 = ____
45. 2 x 3 = ____
46. 12 X 3 = ____
47. 12 X 2 = ____
48. 11 x 2 = ____
49. 3 X 12 = ____
50. 3 X 1 = ____

Your Score: _____

TIMES TABLE CHALLENGE - Prim-Ed Publishing - 2

# FOCUS

Date: _____
Name: _____

## Level C        Focus: 3, 4

1.  3 X 3 = ____
2.  3 X 1 = ____
3.  4 X 3 = ____
4.  4 X 2 = ____
5.  3 X 2 = ____
6.  4 X 10 = ____
7.  5 X 3 = ____
8.  1 X 4 = ____
9.  10 X 3 = ____
10. 5 X 4 = ____
11. 3 X 4 = ____
12. 6 X 3 = ____
13. 4 X 4 = ____
14. 7 X 3 = ____
15. 4 x 6 = ____
16. 9 X 3 = ____
17. 7 X 4 = ____
18. 8 X 3 = ____
19. 9 X 4 = ____
20. 3 X 7 = ____
21. 8 X 4 = ____
22. 4 X 5 = ____
23. 3 X 5 = ____
24. 3 X 6 = ____
25. 4 X 8 = ____

26. 3 X 11 = ____
27. 4 X 0 = ____
28. 11 X 4 = ____
29. 12 X 3 = ____
30. 3 X 8 = ____
31. 3 X 9 = ____
32. 4 X 9 = ____
33. 3 X 0 = ____
34. 2 X 4 = ____
35. 2 X 3 = ____
36. 0 X 4 = ____
37. 10 X 4 = ____
38. 4 X 12 = ____
39. 3 X 12 = ____
40. 4 X 11 = ____
41. 6 X 4 = ____
42. 3 X 10 = ____
43. 4 X 1 = ____
44. 0 X 3 = ____
45. 12 x 4 = ____
46. 4 X 7 = ____
47. 11 X 3 = ____
48. 1 X 3 = ____
49. 4 X 12 = ____
50. 12 X 3 = ____

**Your Score:** _____

TIMES TABLE CHALLENGE - Prim-Ed Publishing - 3

---

# FOCUS

Date: _____
Name: _____

## Level C        Focus: 3, 4

1.  3 X 3 = ____
2.  3 X 1 = ____
3.  4 X 3 = ____
4.  4 X 2 = ____
5.  3 X 2 = ____
6.  4 X 10 = ____
7.  5 X 3 = ____
8.  1 X 4 = ____
9.  10 X 3 = ____
10. 5 X 4 = ____
11. 3 X 4 = ____
12. 6 X 3 = ____
13. 4 X 4 = ____
14. 7 X 3 = ____
15. 4 x 6 = ____
16. 9 X 3 = ____
17. 7 X 4 = ____
18. 8 X 3 = ____
19. 9 X 4 = ____
20. 3 X 7 = ____
21. 8 X 4 = ____
22. 4 X 5 = ____
23. 3 X 5 = ____
24. 3 X 6 = ____
25. 4 X 8 = ____

26. 3 X 11 = ____
27. 4 X 0 = ____
28. 11 X 4 = ____
29. 12 X 3 = ____
30. 3 X 8 = ____
31. 3 X 9 = ____
32. 4 X 9 = ____
33. 3 X 0 = ____
34. 2 X 4 = ____
35. 2 X 3 = ____
36. 0 X 4 = ____
37. 10 X 4 = ____
38. 4 X 12 = ____
39. 3 X 12 = ____
40. 4 X 11 = ____
41. 6 X 4 = ____
42. 3 X 10 = ____
43. 4 X 1 = ____
44. 0 X 3 = ____
45. 12 x 4 = ____
46. 4 X 7 = ____
47. 11 X 3 = ____
48. 1 X 3 = ____
49. 4 X 12 = ____
50. 12 X 3 = ____

**Your Score:** _____

TIMES TABLE CHALLENGE - Prim-Ed Publishing - 3

**FOCUS**

Date: _____
Name: _____

**Level D**  Focus: 0 - 4

| | | | |
|---|---|---|---|
| 1. | 7 × 2 = ____ | 26. | 5 × 3 = ____ |
| 2. | 2 × 10 = ____ | 27. | 4 × 5 = ____ |
| 3. | 3 × 0 = ____ | 28. | 6 × 2 = ____ |
| 4. | 2 × 5 = ____ | 29. | 10 × 2 = ____ |
| 5. | 2 × 2 = ____ | 30. | 3 × 11 = ____ |
| 6. | 10 × 1 = ____ | 31. | 4 × 0 = ____ |
| 7. | 3 × 3 = ____ | 32. | 2 × 1 = ____ |
| 8. | 4 × 2 = ____ | 33. | 2 × 3 = ____ |
| 9. | 7 × 3 = ____ | 34. | 12 × 4 = ____ |
| 10. | 10 × 4 = ____ | 35. | 4 × 11 = ____ |
| 11. | 6 × 3 = ____ | 36. | 2 × 11 = ____ |
| 12. | 4 × 4 = ____ | 37. | 3 × 12 = ____ |
| 13. | 3 × 8 = ____ | 38. | 4 × 6 = ____ |
| 14. | 9 × 2 = ____ | 39. | 4 × 3 = ____ |
| 15. | 3 × 4 = ____ | 40. | 2 × 0 = ____ |
| 16. | 6 × 4 = ____ | 41. | 2 × 2 = ____ |
| 17. | 4 × 8 = ____ | 42. | 8 × 4 = ____ |
| 18. | 3 × 1 = ____ | 43. | 1 × 1 = ____ |
| 19. | 4 × 2 = ____ | 44. | 2 × 12 = ____ |
| 20. | 10 × 3 = ____ | 45. | 11 × 1 = ____ |
| 21. | 8 × 2 = ____ | 46. | 9 × 3 = ____ |
| 22. | 7 × 4 = ____ | 47. | 4 × 9 = ____ |
| 23. | 3 × 9 = ____ | 48. | 11 × 2 = ____ |
| 24. | 2 × 7 = ____ | 49. | 3 × 7 = ____ |
| 25. | 8 × 1 = ____ | 50. | 2 × 8 = ____ |

**SERIES**

Your Score: _____

TIMES TABLE CHALLENGE - Prim-Ed Publishing - 4

---

**FOCUS**

Date: _____
Name: _____

**Level D**  Focus: 0 - 4

| | | | |
|---|---|---|---|
| 1. | 7 × 2 = ____ | 26. | 5 × 3 = ____ |
| 2. | 2 × 10 = ____ | 27. | 4 × 5 = ____ |
| 3. | 3 × 0 = ____ | 28. | 6 × 2 = ____ |
| 4. | 2 × 5 = ____ | 29. | 10 × 2 = ____ |
| 5. | 2 × 2 = ____ | 30. | 3 × 11 = ____ |
| 6. | 10 × 1 = ____ | 31. | 4 × 0 = ____ |
| 7. | 3 × 3 = ____ | 32. | 2 × 1 = ____ |
| 8. | 4 × 2 = ____ | 33. | 2 × 3 = ____ |
| 9. | 7 × 3 = ____ | 34. | 12 × 4 = ____ |
| 10. | 10 × 4 = ____ | 35. | 4 × 11 = ____ |
| 11. | 6 × 3 = ____ | 36. | 2 × 11 = ____ |
| 12. | 4 × 4 = ____ | 37. | 3 × 12 = ____ |
| 13. | 3 × 8 = ____ | 38. | 4 × 6 = ____ |
| 14. | 9 × 2 = ____ | 39. | 4 × 3 = ____ |
| 15. | 3 × 4 = ____ | 40. | 2 × 0 = ____ |
| 16. | 6 × 4 = ____ | 41. | 2 × 2 = ____ |
| 17. | 4 × 8 = ____ | 42. | 8 × 4 = ____ |
| 18. | 3 × 1 = ____ | 43. | 1 × 1 = ____ |
| 19. | 4 × 2 = ____ | 44. | 2 × 12 = ____ |
| 20. | 10 × 3 = ____ | 45. | 11 × 1 = ____ |
| 21. | 8 × 2 = ____ | 46. | 9 × 3 = ____ |
| 22. | 7 × 4 = ____ | 47. | 4 × 9 = ____ |
| 23. | 3 × 9 = ____ | 48. | 11 × 2 = ____ |
| 24. | 2 × 7 = ____ | 49. | 3 × 7 = ____ |
| 25. | 8 × 1 = ____ | 50. | 2 × 8 = ____ |

**SERIES**

Your Score: _____

TIMES TABLE CHALLENGE - Prim-Ed Publishing - 4

**FOCUS**

Date: _____
Name: _____

Level E          Focus: 4, 5

| 1. | 4 × 2 = ____ | 26. | 11 × 4 = ____ |
| 2. | 5 × 0 = ____ | 27. | 5 × 8 = ____ |
| 3. | 2 × 5 = ____ | 28. | 5 × 11 = ____ |
| 4. | 4 × 5 = ____ | 29. | 0 × 4 = ____ |
| 5. | 4 × 3 = ____ | 30. | 3 × 4 = ____ |
| 6. | 10 × 4 = ____ | 31. | 5 × 3 = ____ |
| 7. | 5 × 6 = ____ | 32. | 4 × 9 = ____ |
| 8. | 3 × 5 = ____ | 33. | 12 × 4 = ____ |
| 9. | 4 × 1 = ____ | 34. | 4 × 10 = ____ |
| 10. | 10 × 5 = ____ | 35. | 5 × 10 = ____ |
| 11. | 7 × 5 = ____ | 36. | 12 × 5 = ____ |
| 12. | 4 × 4 = ____ | 37. | 1 × 4 = ____ |
| 13. | 6 × 4 = ____ | 38. | 5 × 1 = ____ |
| 14. | 5 × 5 = ____ | 39. | 5 × 7 = ____ |
| 15. | 8 × 5 = ____ | 40. | 4 × 0 = ____ |
| 16. | 4 × 7 = ____ | 41. | 4 × 12 = ____ |
| 17. | 5 × 9 = ____ | 42. | 6 × 5 = ____ |
| 18. | 1 × 5 = ____ | 43. | 11 × 5 = ____ |
| 19. | 9 × 4 = ____ | 44. | 4 × 11 = ____ |
| 20. | 5 × 4 = ____ | 45. | 5 × 12 = ____ |
| 21. | 7 × 4 = ____ | 46. | 10 × 5 = ____ |
| 22. | 9 × 5 = ____ | 47. | 8 × 4 = ____ |
| 23. | 4 × 8 = ____ | 48. | 5 × 2 = ____ |
| 24. | 12 × 5 = ____ | 49. | 0 × 5 = ____ |
| 25. | 2 × 4 = ____ | 50. | 4 × 6 = ____ |

**SERIES**

Your Score: _____

TIMES TABLE CHALLENGE - Prim-Ed Publishing - 5

---

**FOCUS**

Date: _____
Name: _____

Level E          Focus: 4, 5

| 1. | 4 × 2 = ____ | 26. | 11 × 4 = ____ |
| 2. | 5 × 0 = ____ | 27. | 5 × 8 = ____ |
| 3. | 2 × 5 = ____ | 28. | 5 × 11 = ____ |
| 4. | 4 × 5 = ____ | 29. | 0 × 4 = ____ |
| 5. | 4 × 3 = ____ | 30. | 3 × 4 = ____ |
| 6. | 10 × 4 = ____ | 31. | 5 × 3 = ____ |
| 7. | 5 × 6 = ____ | 32. | 4 × 9 = ____ |
| 8. | 3 × 5 = ____ | 33. | 12 × 4 = ____ |
| 9. | 4 × 1 = ____ | 34. | 4 × 10 = ____ |
| 10. | 10 × 5 = ____ | 35. | 5 × 10 = ____ |
| 11. | 7 × 5 = ____ | 36. | 12 × 5 = ____ |
| 12. | 4 × 4 = ____ | 37. | 1 × 4 = ____ |
| 13. | 6 × 4 = ____ | 38. | 5 × 1 = ____ |
| 14. | 5 × 5 = ____ | 39. | 5 × 7 = ____ |
| 15. | 8 × 5 = ____ | 40. | 4 × 0 = ____ |
| 16. | 4 × 7 = ____ | 41. | 4 × 12 = ____ |
| 17. | 5 × 9 = ____ | 42. | 6 × 5 = ____ |
| 18. | 1 × 5 = ____ | 43. | 11 × 5 = ____ |
| 19. | 9 × 4 = ____ | 44. | 4 × 11 = ____ |
| 20. | 5 × 4 = ____ | 45. | 5 × 12 = ____ |
| 21. | 7 × 4 = ____ | 46. | 10 × 5 = ____ |
| 22. | 9 × 5 = ____ | 47. | 8 × 4 = ____ |
| 23. | 4 × 8 = ____ | 48. | 5 × 2 = ____ |
| 24. | 12 × 5 = ____ | 49. | 0 × 5 = ____ |
| 25. | 2 × 4 = ____ | 50. | 4 × 6 = ____ |

**SERIES**

Your Score: _____

TIMES TABLE CHALLENGE - Prim-Ed Publishing - 5

# FOCUS

Date: _____

Name: _____

**Level F**      Focus: 0 - 5

1. 2 x 6 = _____
2. 3 x 1 = _____
3. 5 x 0 = _____
4. 3 x 2 = _____
5. 2 x 7 = _____
6. 9 x 1 = _____
7. 3 x 4 = _____
8. 5 x 5 = _____
9. 10 x 5 = _____
10. 3 x 9 = _____
11. 10 x 3 = _____
12. 4 x 4 = _____
13. 2 x 1 = _____
14. 5 x 2 = _____
15. 2 x 8 = _____
16. 8 x 3 = _____
17. 4 x 5 = _____
18. 3 x 7 = _____
19. 6 x 2 = _____
20. 7 x 1 = _____
21. 9 x 2 = _____
22. 5 x 8 = _____
23. 3 x 5 = _____
24. 6 x 3 = _____
25. 7 x 4 = _____
26. 4 x 11 = _____
27. 10 x 2 = _____
28. 5 x 9 = _____
29. 4 x 2 = _____
30. 12 x 5 = _____
31. 2 x 12 = _____
32. 11 x 2 = _____
33. 3 x 8 = _____
34. 4 x 3 = _____
35. 12 x 4 = _____
36. 1 x 9 = _____
37. 12 x 3 = _____
38. 11 x 5 = _____
39. 3 x 6 = _____
40. 5 x 4 = _____
41. 9 x 4 = _____
42. 0 x 4 = _____
43. 8 x 4 = _____
44. 3 x 9 = _____
45. 10 x 4 = _____
46. 2 x 2 = _____
47. 1 x 5 = _____
48. 12 x 3 = _____
49. 4 x 7 = _____
50. 6 x 5 = _____

**SERIES**

Your Score: _____

TIMES TABLE CHALLENGE - Prim-Ed Publishing - 6

---

# FOCUS

Date: _____

Name: _____

**Level F**      Focus: 0 - 5

1. 2 x 6 = _____
2. 3 x 1 = _____
3. 5 x 0 = _____
4. 3 x 2 = _____
5. 2 x 7 = _____
6. 9 x 1 = _____
7. 3 x 4 = _____
8. 5 x 5 = _____
9. 10 x 5 = _____
10. 3 x 9 = _____
11. 10 x 3 = _____
12. 4 x 4 = _____
13. 2 x 1 = _____
14. 5 x 2 = _____
15. 2 x 8 = _____
16. 8 x 3 = _____
17. 4 x 5 = _____
18. 3 x 7 = _____
19. 6 x 2 = _____
20. 7 x 1 = _____
21. 9 x 2 = _____
22. 5 x 8 = _____
23. 3 x 5 = _____
24. 6 x 3 = _____
25. 7 x 4 = _____
26. 4 x 11 = _____
27. 10 x 2 = _____
28. 5 x 9 = _____
29. 4 x 2 = _____
30. 12 x 5 = _____
31. 2 x 12 = _____
32. 11 x 2 = _____
33. 3 x 8 = _____
34. 4 x 3 = _____
35. 12 x 4 = _____
36. 1 x 9 = _____
37. 12 x 3 = _____
38. 11 x 5 = _____
39. 3 x 6 = _____
40. 5 x 4 = _____
41. 9 x 4 = _____
42. 0 x 4 = _____
43. 8 x 4 = _____
44. 3 x 9 = _____
45. 10 x 4 = _____
46. 2 x 2 = _____
47. 1 x 5 = _____
48. 12 x 3 = _____
49. 4 x 7 = _____
50. 6 x 5 = _____

**SERIES**

Your Score: _____

TIMES TABLE CHALLENGE - Prim-Ed Publishing - 6

## Level G — Focus: 5, 6

1. 2 x 6 = ____
2. 6 x 0 = ____
3. 4 x 5 = ____
4. 6 x 3 = ____
5. 5 x 2 = ____
6. 6 x 1 = ____
7. 5 x 3 = ____
8. 6 x 4 = ____
9. 5 x 8 = ____
10. 5 x 6 = ____
11. 10 x 5 = ____
12. 5 x 11 = ____
13. 1 x 6 = ____
14. 7 x 5 = ____
15. 5 x 5 = ____
16. 6 x 6 = ____
17. 9 x 5 = ____
18. 8 x 6 = ____
19. 1 x 5 = ____
20. 5 x 0 = ____
21. 6 x 9 = ____
22. 6 x 10 = ____
23. 7 x 6 = ____
24. 4 x 6 = ____
25. 3 x 6 = ____
26. 11 x 5 = ____
27. 6 x 2 = ____
28. 6 x 5 = ____
29. 5 x 4 = ____
30. 8 x 5 = ____
31. 11 x 6 = ____
32. 12 x 6 = ____
33. 2 x 5 = ____
34. 10 x 6 = ____
35. 6 x 8 = ____
36. 0 x 5 = ____
37. 9 x 6 = ____
38. 5 x 10 = ____
39. 5 x 1 = ____
40. 5 x 12 = ____
41. 5 x 9 = ____
42. 5 x 7 = ____
43. 6 x 11 = ____
44. 0 x 6 = ____
45. 6 x 12 = ____
46. 6 x 7 = ____
47. 3 x 5 = ____
48. 4 x 6 = ____
49. 6 x 7 = ____
50. 12 x 5 = ____

Your Score: ____

TIMES TABLE CHALLENGE - Prim-Ed Publishing

**FOCUS**

Date: _____

Name: _____

## Level H  Focus: 0 - 6

1. 4 × 1 = _____
2. 3 × 3 = _____
3. 1 × 8 = _____
4. 5 × 0 = _____
5. 7 × 2 = _____
6. 4 × 3 = _____
7. 3 × 5 = _____
8. 5 × 2 = _____
9. 2 × 9 = _____
10. 4 × 2 = _____
11. 5 × 6 = _____
12. 4 × 6 = _____
13. 10 × 3 = _____
14. 6 × 6 = _____
15. 3 × 2 = _____
16. 4 × 4 = _____
17. 10 × 4 = _____
18. 3 × 9 = _____
19. 6 × 7 = _____
20. 7 × 4 = _____
21. 3 × 7 = _____
22. 4 × 8 = _____
23. 2 × 12 = _____
24. 9 × 6 = _____
25. 3 × 6 = _____

26. 5 × 8 = _____
27. 8 × 2 = _____
28. 6 × 0 = _____
29. 11 × 4 = _____
30. 3 × 8 = _____
31. 12 × 4 = _____
32. 7 × 3 = _____
33. 4 × 6 = _____
34. 5 × 7 = _____
35. 12 × 6 = _____
36. 3 × 4 = _____
37. 8 × 6 = _____
38. 6 × 9 = _____
39. 4 × 7 = _____
40. 10 × 5 = _____
41. 9 × 4 = _____
42. 11 × 3 = _____
43. 8 × 4 = _____
44. 1 × 3 = _____
45. 12 × 5 = _____
46. 6 × 3 = _____
47. 5 × 11 = _____
48. 2 × 2 = _____
49. 12 × 3 = _____
50. 7 × 6 = _____

**SERIES**

Your Score: _____

TIMES TABLE CHALLENGE - Prim-Ed Publishing - 8

---

**FOCUS**

Date: _____

Name: _____

## Level H  Focus: 0 - 6

1. 4 × 1 = _____
2. 3 × 3 = _____
3. 1 × 8 = _____
4. 5 × 0 = _____
5. 7 × 2 = _____
6. 4 × 3 = _____
7. 3 × 5 = _____
8. 5 × 2 = _____
9. 2 × 9 = _____
10. 4 × 2 = _____
11. 5 × 6 = _____
12. 4 × 6 = _____
13. 10 × 3 = _____
14. 6 × 6 = _____
15. 3 × 2 = _____
16. 4 × 4 = _____
17. 10 × 4 = _____
18. 3 × 9 = _____
19. 6 × 7 = _____
20. 7 × 4 = _____
21. 3 × 7 = _____
22. 4 × 8 = _____
23. 2 × 12 = _____
24. 9 × 6 = _____
25. 3 × 6 = _____

26. 5 × 8 = _____
27. 8 × 2 = _____
28. 6 × 0 = _____
29. 11 × 4 = _____
30. 3 × 8 = _____
31. 12 × 4 = _____
32. 7 × 3 = _____
33. 4 × 6 = _____
34. 5 × 7 = _____
35. 12 × 6 = _____
36. 3 × 4 = _____
37. 8 × 6 = _____
38. 6 × 9 = _____
39. 4 × 7 = _____
40. 10 × 5 = _____
41. 9 × 4 = _____
42. 11 × 3 = _____
43. 8 × 4 = _____
44. 1 × 3 = _____
45. 12 × 5 = _____
46. 6 × 3 = _____
47. 5 × 11 = _____
48. 2 × 2 = _____
49. 12 × 3 = _____
50. 7 × 6 = _____

**SERIES**

Your Score: _____

TIMES TABLE CHALLENGE - Prim-Ed Publishing - 8

## Level 1 — Focus: 6, 7

Date: _____
Name: _____

1. 6 × 10 = ____
2. 2 × 6 = ____
3. 5 × 7 = ____
4. 7 × 2 = ____
5. 1 × 6 = ____
6. 3 × 7 = ____
7. 0 × 6 = ____
8. 6 × 6 = ____
9. 6 × 3 = ____
10. 7 × 10 = ____
11. 6 × 4 = ____
12. 4 × 7 = ____
13. 7 × 7 = ____
14. 6 × 8 = ____
15. 1 × 7 = ____
16. 7 × 3 = ____
17. 7 × 6 = ____
18. 7 × 9 = ____
19. 4 × 6 = ____
20. 7 × 0 = ____
21. 9 × 6 = ____
22. 6 × 0 = ____
23. 7 × 1 = ____
24. 5 × 6 = ____
25. 8 × 7 = ____
26. 7 × 11 = ____
27. 0 × 7 = ____
28. 6 × 9 = ____
29. 11 × 6 = ____
30. 6 × 5 = ____
31. 8 × 6 = ____
32. 12 × 6 = ____
33. 12 × 7 = ____
34. 6 × 7 = ____
35. 7 × 5 = ____
36. 2 × 7 = ____
37. 7 × 12 = ____
38. 7 × 4 = ____
39. 6 × 1 = ____
40. 6 × 12 = ____
41. 10 × 6 = ____
42. 9 × 7 = ____
43. 6 × 2 = ____
44. 11 × 7 = ____
45. 12 × 6 = ____
46. 10 × 7 = ____
47. 7 × 8 = ____
48. 3 × 6 = ____
49. 6 × 11 = ____
50. 7 × 12 = ____

Your Score: ____

TIMES TABLE CHALLENGE - Prim-Ed Publishing - 9

---

## Level 1 — Focus: 6, 7

Date: _____
Name: _____

1. 6 × 10 = ____
2. 2 × 6 = ____
3. 5 × 7 = ____
4. 7 × 2 = ____
5. 1 × 6 = ____
6. 3 × 7 = ____
7. 0 × 6 = ____
8. 6 × 6 = ____
9. 6 × 3 = ____
10. 7 × 10 = ____
11. 6 × 4 = ____
12. 4 × 7 = ____
13. 7 × 7 = ____
14. 6 × 8 = ____
15. 1 × 7 = ____
16. 7 × 3 = ____
17. 7 × 6 = ____
18. 7 × 9 = ____
19. 4 × 6 = ____
20. 7 × 0 = ____
21. 9 × 6 = ____
22. 6 × 0 = ____
23. 7 × 1 = ____
24. 5 × 6 = ____
25. 8 × 7 = ____
26. 7 × 11 = ____
27. 0 × 7 = ____
28. 6 × 9 = ____
29. 11 × 6 = ____
30. 6 × 5 = ____
31. 8 × 6 = ____
32. 12 × 6 = ____
33. 12 × 7 = ____
34. 6 × 7 = ____
35. 7 × 5 = ____
36. 2 × 7 = ____
37. 7 × 12 = ____
38. 7 × 4 = ____
39. 6 × 1 = ____
40. 6 × 12 = ____
41. 10 × 6 = ____
42. 9 × 7 = ____
43. 6 × 2 = ____
44. 11 × 7 = ____
45. 12 × 6 = ____
46. 10 × 7 = ____
47. 7 × 8 = ____
48. 3 × 6 = ____
49. 6 × 11 = ____
50. 7 × 12 = ____

Your Score: ____

## FOCUS

Date: _____
Name: _____

**Level J**  Focus: 0 - 7

| # | | # | |
|---|---|---|---|
| 1. | 2 x 5 = ____ | 26. | 5 x 7 = ____ |
| 2. | 5 x 3 = ____ | 27. | 3 x 6 = ____ |
| 3. | 3 x 0 = ____ | 28. | 12 x 3 = ____ |
| 4. | 3 x 4 = ____ | 29. | 8 x 4 = ____ |
| 5. | 5 x 5 = ____ | 30. | 9 x 6 = ____ |
| 6. | 0 x 5 = ____ | 31. | 8 x 3 = ____ |
| 7. | 2 x 2 = ____ | 32. | 4 x 12 = ____ |
| 8. | 4 x 6 = ____ | 33. | 2 x 8 = ____ |
| 9. | 2 x 7 = ____ | 34. | 5 x 6 = ____ |
| 10. | 1 x 4 = ____ | 35. | 7 x 11 = ____ |
| 11. | 4 x 4 = ____ | 36. | 2 x 10 = ____ |
| 12. | 9 x 3 = ____ | 37. | 4 x 7 = ____ |
| 13. | 1 x 10 = ____ | 38. | 6 x 12 = ____ |
| 14. | 8 x 5 = ____ | 39. | 9 x 7 = ____ |
| 15. | 3 x 3 = ____ | 40. | 5 x 11 = ____ |
| 16. | 3 x 8 = ____ | 41. | 6 x 6 = ____ |
| 17. | 6 x 11 = ____ | 42. | 9 x 5 = ____ |
| 18. | 4 x 8 = ____ | 43. | 6 x 8 = ____ |
| 19. | 7 x 6 = ____ | 44. | 3 x 2 = ____ |
| 20. | 12 x 2 = ____ | 45. | 12 x 7 = ____ |
| 21. | 1 x 7 = ____ | 46. | 1 x 1 = ____ |
| 22. | 2 x 9 = ____ | 47. | 4 x 9 = ____ |
| 23. | 7 x 7 = ____ | 48. | 5 x 12 = ____ |
| 24. | 10 x 7 = ____ | 49. | 7 x 0 = ____ |
| 25. | 6 x 9 = ____ | 50. | 8 x 7 = ____ |

Your Score: _____

TIMES TABLE CHALLENGE - Prim-Ed Publishing - 10

---

## FOCUS

Date: _____
Name: _____

**Level J**  Focus: 0 - 7

| # | | # | |
|---|---|---|---|
| 1. | 2 x 5 = ____ | 26. | 5 x 7 = ____ |
| 2. | 5 x 3 = ____ | 27. | 3 x 6 = ____ |
| 3. | 3 x 0 = ____ | 28. | 12 x 3 = ____ |
| 4. | 3 x 4 = ____ | 29. | 8 x 4 = ____ |
| 5. | 5 x 5 = ____ | 30. | 9 x 6 = ____ |
| 6. | 0 x 5 = ____ | 31. | 8 x 3 = ____ |
| 7. | 2 x 2 = ____ | 32. | 4 x 12 = ____ |
| 8. | 4 x 6 = ____ | 33. | 2 x 8 = ____ |
| 9. | 2 x 7 = ____ | 34. | 5 x 6 = ____ |
| 10. | 1 x 4 = ____ | 35. | 7 x 11 = ____ |
| 11. | 4 x 4 = ____ | 36. | 2 x 10 = ____ |
| 12. | 9 x 3 = ____ | 37. | 4 x 7 = ____ |
| 13. | 1 x 10 = ____ | 38. | 6 x 12 = ____ |
| 14. | 8 x 5 = ____ | 39. | 9 x 7 = ____ |
| 15. | 3 x 3 = ____ | 40. | 5 x 11 = ____ |
| 16. | 3 x 8 = ____ | 41. | 6 x 6 = ____ |
| 17. | 6 x 11 = ____ | 42. | 9 x 5 = ____ |
| 18. | 4 x 8 = ____ | 43. | 6 x 8 = ____ |
| 19. | 7 x 6 = ____ | 44. | 3 x 2 = ____ |
| 20. | 12 x 2 = ____ | 45. | 12 x 7 = ____ |
| 21. | 1 x 7 = ____ | 46. | 1 x 1 = ____ |
| 22. | 2 x 9 = ____ | 47. | 4 x 9 = ____ |
| 23. | 7 x 7 = ____ | 48. | 5 x 12 = ____ |
| 24. | 10 x 7 = ____ | 49. | 7 x 0 = ____ |
| 25. | 6 x 9 = ____ | 50. | 8 x 7 = ____ |

Your Score: _____

TIMES TABLE CHALLENGE - Prim-Ed Publishing - 10

# FOCUS SERIES

Date: _____

Name: _____

## Level K  Focus: 7, 8

1. 8 × 2 = _____
2. 0 × 7 = _____
3. 3 × 7 = _____
4. 2 × 7 = _____
5. 4 × 7 = _____
6. 1 × 8 = _____
7. 8 × 5 = _____
8. 10 × 7 = _____
9. 7 × 8 = _____
10. 4 × 8 = _____
11. 10 × 8 = _____
12. 6 × 8 = _____
13. 8 × 3 = _____
14. 6 × 7 = _____
15. 8 × 9 = _____
16. 7 × 9 = _____
17. 8 × 7 = _____
18. 7 × 5 = _____
19. 7 × 7 = _____
20. 8 × 1 = _____
21. 7 × 1 = _____
22. 8 × 8 = _____
23. 2 × 8 = _____
24. 8 × 0 = _____
25. 8 × 11 = _____
26. 7 × 12 = _____
27. 9 × 7 = _____
28. 5 × 8 = _____
29. 7 × 0 = _____
30. 8 × 12 = _____
31. 9 × 8 = _____
32. 7 × 6 = _____
33. 8 × 6 = _____
34. 5 × 7 = _____
35. 7 × 10 = _____
36. 3 × 8 = _____
37. 12 × 7 = _____
38. 11 × 7 = _____
39. 0 × 8 = _____
40. 7 × 3 = _____
41. 11 × 8 = _____
42. 8 × 10 = _____
43. 7 × 4 = _____
44. 7 × 2 = _____
45. 12 × 8 = _____
46. 1 × 7 = _____
47. 8 × 12 = _____
48. 7 × 11 = _____
49. 8 × 4 = _____
50. 12 × 7 = _____

Your Score: _____

**FOCUS**

Date: _____
Name: _____

**Level L**                    **Focus: 0 - 8**

1.  2 × 2 = ____      26. 6 × 6 = ____
2.  3 × 3 = ____      27. 8 × 7 = ____
3.  5 × 5 = ____      28. 0 × 8 = ____
4.  10 × 7 = ____     29. 7 × 12 = ____
5.  4 × 1 = ____      30. 9 × 8 = ____
6.  2 × 5 = ____      31. 6 × 4 = ____
7.  5 × 4 = ____      32. 1 × 12 = ____
8.  6 × 2 = ____      33. 5 × 8 = ____
9.  4 × 8 = ____      34. 9 × 7 = ____
10. 0 × 1 = ____      35. 8 × 12 = ____
11. 2 × 12 = ____     36. 6 × 7 = ____
12. 4 × 2 = ____      37. 8 × 2 = ____
13. 10 × 6 = ____     38. 11 × 8 = ____
14. 4 × 3 = ____      39. 8 × 8 = ____
15. 11 × 7 = ____     40. 0 × 6 = ____
16. 7 × 2 = ____      41. 8 × 3 = ____
17. 7 × 3 = ____      42. 5 × 12 = ____
18. 12 × 6 = ____     43. 7 × 9 = ____
19. 2 × 9 = ____      44. 7 × 7 = ____
20. 1 × 1 = ____      45. 11 × 6 = ____
21. 3 × 6 = ____      46. 8 × 6 = ____
22. 4 × 4 = ____      47. 3 × 12 = ____
23. 3 × 8 = ____      48. 7 × 4 = ____
24. 4 × 12 = ____     49. 6 × 9 = ____
25. 10 × 5 = ____     50. 12 × 8 = ____

**SERIES**

Your Score: _____

TIMES TABLE CHALLENGE - Prim-Ed Publishing - 12

---

**FOCUS**

Date: _____
Name: _____

**Level L**                    **Focus: 0 - 8**

1.  2 × 2 = ____      26. 6 × 6 = ____
2.  3 × 3 = ____      27. 8 × 7 = ____
3.  5 × 5 = ____      28. 0 × 8 = ____
4.  10 × 7 = ____     29. 7 × 12 = ____
5.  4 × 1 = ____      30. 9 × 8 = ____
6.  2 × 5 = ____      31. 6 × 4 = ____
7.  5 × 4 = ____      32. 1 × 12 = ____
8.  6 × 2 = ____      33. 5 × 8 = ____
9.  4 × 8 = ____      34. 9 × 7 = ____
10. 0 × 1 = ____      35. 8 × 12 = ____
11. 2 × 12 = ____     36. 6 × 7 = ____
12. 4 × 2 = ____      37. 8 × 2 = ____
13. 10 × 6 = ____     38. 11 × 8 = ____
14. 4 × 3 = ____      39. 8 × 8 = ____
15. 11 × 7 = ____     40. 0 × 6 = ____
16. 7 × 2 = ____      41. 8 × 3 = ____
17. 7 × 3 = ____      42. 5 × 12 = ____
18. 12 × 6 = ____     43. 7 × 9 = ____
19. 2 × 9 = ____      44. 7 × 7 = ____
20. 1 × 1 = ____      45. 11 × 6 = ____
21. 3 × 6 = ____      46. 8 × 6 = ____
22. 4 × 4 = ____      47. 3 × 12 = ____
23. 3 × 8 = ____      48. 7 × 4 = ____
24. 4 × 12 = ____     49. 6 × 9 = ____
25. 10 × 5 = ____     50. 12 × 8 = ____

**SERIES**

Your Score: _____

TIMES TABLE CHALLENGE - Prim-Ed Publishing - 12

## Level M — Focus: 8, 9

Date: _____
Name: _____

1. 2 × 9 = ____
2. 0 × 9 = ____
3. 8 × 2 = ____
4. 9 × 1 = ____
5. 5 × 9 = ____
6. 4 × 9 = ____
7. 8 × 3 = ____
8. 5 × 8 = ____
9. 10 × 9 = ____
10. 8 × 0 = ____
11. 9 × 3 = ____
12. 8 × 10 = ____
13. 8 × 4 = ____
14. 9 × 7 = ____
15. 8 × 8 = ____
16. 9 × 5 = ____
17. 9 × 9 = ____
18. 8 × 6 = ____
19. 8 × 1 = ____
20. 11 × 8 = ____
21. 9 × 8 = ____
22. 9 × 6 = ____
23. 8 × 0 = ____
24. 4 × 8 = ____
25. 7 × 8 = ____
26. 8 × 9 = ____
27. 6 × 9 = ____
28. 11 × 9 = ____
29. 8 × 5 = ____
30. 8 × 7 = ____
31. 8 × 4 = ____
32. 8 × 12 = ____
33. 1 × 9 = ____
34. 9 × 10 = ____
35. 3 × 8 = ____
36. 9 × 12 = ____
37. 9 × 0 = ____
38. 8 × 1 = ____
39. 7 × 8 = ____
40. 6 × 8 = ____
41. 7 × 9 = ____
42. 12 × 8 = ____
43. 9 × 11 = ____
44. 8 × 10 = ____
45. 9 × 2 = ____
46. 12 × 9 = ____
47. 8 × 2 = ____
48. 9 × 4 = ____
49. 8 × 11 = ____
50. 12 × 8 = ____

Your Score: _____

TIMES TABLE CHALLENGE - Prim-Ed Publishing - 13

---

## Level M — Focus: 8, 9

Date: _____
Name: _____

1. 2 × 9 = ____
2. 0 × 9 = ____
3. 8 × 2 = ____
4. 9 × 1 = ____
5. 5 × 9 = ____
6. 4 × 9 = ____
7. 8 × 3 = ____
8. 5 × 8 = ____
9. 10 × 9 = ____
10. 8 × 0 = ____
11. 9 × 3 = ____
12. 8 × 10 = ____
13. 8 × 4 = ____
14. 9 × 7 = ____
15. 8 × 8 = ____
16. 9 × 5 = ____
17. 9 × 9 = ____
18. 8 × 6 = ____
19. 8 × 1 = ____
20. 11 × 8 = ____
21. 9 × 8 = ____
22. 9 × 6 = ____
23. 8 × 0 = ____
24. 4 × 8 = ____
25. 7 × 8 = ____
26. 8 × 9 = ____
27. 6 × 9 = ____
28. 11 × 9 = ____
29. 8 × 5 = ____
30. 8 × 7 = ____
31. 8 × 4 = ____
32. 8 × 12 = ____
33. 1 × 9 = ____
34. 9 × 10 = ____
35. 3 × 8 = ____
36. 9 × 12 = ____
37. 9 × 0 = ____
38. 8 × 1 = ____
39. 7 × 8 = ____
40. 6 × 8 = ____
41. 7 × 9 = ____
42. 12 × 8 = ____
43. 9 × 11 = ____
44. 8 × 10 = ____
45. 9 × 2 = ____
46. 12 × 9 = ____
47. 8 × 2 = ____
48. 9 × 4 = ____
49. 8 × 11 = ____
50. 12 × 8 = ____

Your Score: _____

TIMES TABLE CHALLENGE - Prim-Ed Publishing - 13

**FOCUS**

Date: _____

Name: _____

**Level N**  Focus: 0 - 9

1. 4 × 3 = _____
2. 2 × 2 = _____
3. 4 × 4 = _____
4. 2 × 5 = _____
5. 1 × 10 = _____
6. 3 × 3 = _____
7. 8 × 4 = _____
8. 5 × 11 = _____
9. 4 × 4 = _____
10. 3 × 9 = _____
11. 12 × 3 = _____
12. 2 × 8 = _____
13. 9 × 4 = _____
14. 6 × 10 = _____
15. 6 × 7 = _____
16. 5 × 5 = _____
17. 8 × 3 = _____
18. 11 × 7 = _____
19. 8 × 5 = _____
20. 6 × 6 = _____
21. 9 × 8 = _____
22. 11 × 9 = _____
23. 4 × 7 = _____
24. 7 × 7 = _____
25. 4 × 12 = _____

26. 5 × 12 = _____
27. 8 × 7 = _____
28. 0 × 7 = _____
29. 3 × 6 = _____
30. 8 × 8 = _____
31. 7 × 9 = _____
32. 6 × 8 = _____
33. 9 × 9 = _____
34. 2 × 3 = _____
35. 12 × 7 = _____
36. 8 × 9 = _____
37. 11 × 8 = _____
38. 12 × 9 = _____
39. 9 × 10 = _____
40. 4 × 8 = _____
41. 8 × 12 = _____
42. 9 × 9 = _____
43. 2 × 12 = _____
44. 8 × 8 = _____
45. 6 × 12 = _____
46. 7 × 8 = _____
47. 3 × 11 = _____
48. 9 × 7 = _____
49. 4 × 9 = _____
50. 12 × 9 = _____

**SERIES**

Your Score: _____

TIMES TABLE CHALLENGE - Prim-Ed Publishing - 14

---

**FOCUS**

Date: _____

Name: _____

## Level O    Focus: 9, 10

1. 10 x 7 = ____
2. 2 x 9 = ____
3. 9 x 0 = ____
4. 10 x 4 = ____
5. 1 x 9 = ____
6. 10 x 10 = ____
7. 2 x 10 = ____
8. 3 x 9 = ____
9. 9 x 10 = ____
10. 10 x 3 = ____
11. 9 x 4 = ____
12. 6 x 9 = ____
13. 9 x 8 = ____
14. 5 x 9 = ____
15. 9 x 9 = ____
16. 10 x 5 = ____
17. 9 x 7 = ____
18. 6 x 10 = ____
19. 10 x 0 = ____
20. 7 x 10 = ____
21. 10 x 9 = ____
22. 10 x 1 = ____
23. 9 x 11 = ____
24. 11 x 10 = ____
25. 10 x 8 = ____

26. 4 x 9 = ____
27. 9 x 1 = ____
28. 8 x 9 = ____
29. 10 x 11 = ____
30. 9 x 3 = ____
31. 5 x 10 = ____
32. 12 x 9 = ____
33. 10 x 2 = ____
34. 9 x 6 = ____
35. 9 x 5 = ____
36. 9 x 2 = ____
37. 7 x 9 = ____
38. 12 x 10 = ____
39. 0 x 10 = ____
40. 11 x 9 = ____
41. 10 x 6 = ____
42. 4 x 10 = ____
43. 9 x 6 = ____
44. 0 x 9 = ____
45. 10 x 12 = ____
46. 3 x 10 = ____
47. 7 x 9 = ____
48. 1 x 10 = ____
49. 8 x 10 = ____
50. 9 x 12 = ____

**SERIES**

Your Score: _____

TIMES TABLE CHALLENGE - Prim-Ed Publishing - 15

**FOCUS**

Date: _____
Name: _____

**Level P**          Focus: 0 - 10

1.  8 × 2 = ____
2.  3 × 4 = ____
3.  5 × 1 = ____
4.  3 × 3 = ____
5.  2 × 4 = ____
6.  1 × 7 = ____
7.  8 × 0 = ____
8.  5 × 9 = ____
9.  5 × 2 = ____
10. 4 × 6 = ____
11. 4 × 4 = ____
12. 6 × 5 = ____
13. 3 × 1 = ____
14. 8 × 4 = ____
15. 2 × 12 = ____
16. 11 × 7 = ____
17. 5 × 3 = ____
18. 7 × 4 = ____
19. 3 × 2 = ____
20. 10 × 8 = ____
21. 4 × 11 = ____
22. 7 × 7 = ____
23. 2 × 2 = ____
24. 11 × 8 = ____
25. 6 × 6 = ____
26. 8 × 8 = ____
27. 10 × 10 = ____
28. 12 × 5 = ____
29. 11 × 10 = ____
30. 9 × 6 = ____
31. 3 × 7 = ____
32. 2 × 9 = ____
33. 6 × 7 = ____
34. 3 × 8 = ____
35. 10 × 12 = ____
36. 5 × 5 = ____
37. 4 × 9 = ____
38. 12 × 6 = ____
39. 5 × 7 = ____
40. 6 × 2 = ____
41. 4 × 5 = ____
42. 9 × 7 = ____
43. 6 × 3 = ____
44. 8 × 6 = ____
45. 0 × 5 = ____
46. 5 × 8 = ____
47. 12 × 8 = ____
48. 9 × 11 = ____
49. 12 × 7 = ____
50. 7 × 8 = ____

**SERIES**

Your Score: _____

TIMES TABLE CHALLENGE - Prim-Ed Publishing - 16

**FOCUS**

Date: _____
Name: _____

Level Q    Focus: 10, 11

1.  11 × 9 = ____
2.  10 × 4 = ____
3.  11 × 3 = ____
4.  5 × 10 = ____
5.  1 × 11 = ____
6.  2 × 10 = ____
7.  4 × 11 = ____
8.  1 × 10 = ____
9.  3 × 10 = ____
10. 8 × 11 = ____
11. 6 × 10 = ____
12. 5 × 11 = ____
13. 10 × 8 = ____
14. 11 × 6 = ____
15. 7 × 10 = ____
16. 11 × 2 = ____
17. 8 × 10 = ____
18. 10 × 6 = ____
19. 7 × 11 = ____
20. 10 × 1 = ____
21. 6 × 11 = ____
22. 10 × 10 = ____
23. 10 × 2 = ____
24. 10 × 5 = ____
25. 11 × 0 = ____

26. 11 × 10 = ____
27. 11 × 1 = ____
28. 12 × 11 = ____
29. 10 × 7 = ____
30. 2 × 11 = ____
31. 11 × 7 = ____
32. 0 × 10 = ____
33. 11 × 11 = ____
34. 9 × 10 = ____
35. 0 × 11 = ____
36. 4 × 10 = ____
37. 10 × 9 = ____
38. 12 × 10 = ____
39. 10 × 3 = ____
40. 11 × 5 = ____
41. 10 × 12 = ____
42. 3 × 11 = ____
43. 11 × 12 = ____
44. 11 × 4 = ____
45. 9 × 11 = ____
46. 10 × 11 = ____
47. 10 × 0 = ____
48. 8 × 11 = ____
49. 4 × 11 = ____
50. 12 × 11 = ____

**SERIES**

Your Score: _____

TIMES TABLE CHALLENGE - Prim-Ed Publishing - 17

---

**FOCUS**

Date: _____
Name: _____

Level Q    Focus: 10, 11

1.  11 × 9 = ____
2.  10 × 4 = ____
3.  11 × 3 = ____
4.  5 × 10 = ____
5.  1 × 11 = ____
6.  2 × 10 = ____
7.  4 × 11 = ____
8.  1 × 10 = ____
9.  3 × 10 = ____
10. 8 × 11 = ____
11. 6 × 10 = ____
12. 5 × 11 = ____
13. 10 × 8 = ____
14. 11 × 6 = ____
15. 7 × 10 = ____
16. 11 × 2 = ____
17. 8 × 10 = ____
18. 10 × 6 = ____
19. 7 × 11 = ____
20. 10 × 1 = ____
21. 6 × 11 = ____
22. 10 × 10 = ____
23. 10 × 2 = ____
24. 10 × 5 = ____
25. 11 × 0 = ____

26. 11 × 10 = ____
27. 11 × 1 = ____
28. 12 × 11 = ____
29. 10 × 7 = ____
30. 2 × 11 = ____
31. 11 × 7 = ____
32. 0 × 10 = ____
33. 11 × 11 = ____
34. 9 × 10 = ____
35. 0 × 11 = ____
36. 4 × 10 = ____
37. 10 × 9 = ____
38. 12 × 10 = ____
39. 10 × 3 = ____
40. 11 × 5 = ____
41. 10 × 12 = ____
42. 3 × 11 = ____
43. 11 × 12 = ____
44. 11 × 4 = ____
45. 9 × 11 = ____
46. 10 × 11 = ____
47. 10 × 0 = ____
48. 8 × 11 = ____
49. 4 × 11 = ____
50. 12 × 11 = ____

**SERIES**

Your Score: _____

TIMES TABLE CHALLENGE - Prim-Ed Publishing - 17

## FOCUS

Date: _____
Name: _____

**Level R**  Focus: 0 - 11

1.  3 × 3 = ____      26. 11 × 12 = ____
2.  9 × 1 = ____      27. 5 × 5 = ____
3.  2 × 7 = ____      28. 9 × 7 = ____
4.  4 × 3 = ____      29. 11 × 1 = ____
5.  10 × 5 = ____     30. 4 × 5 = ____
6.  11 × 7 = ____     31. 8 × 6 = ____
7.  10 × 10 = ____    32. 5 × 9 = ____
8.  3 × 2 = ____      33. 6 × 5 = ____
9.  3 × 7 = ____      34. 0 × 7 = ____
10. 4 × 4 = ____      35. 6 × 7 = ____
11. 3 × 9 = ____      36. 8 × 8 = ____
12. 4 × 6 = ____      37. 4 × 9 = ____
13. 2 × 2 = ____      38. 7 × 6 = ____
14. 8 × 3 = ____      39. 8 × 7 = ____
15. 5 × 8 = ____      40. 9 × 9 = ____
16. 6 × 6 = ____      41. 7 × 10 = ____
17. 2 × 9 = ____      42. 8 × 2 = ____
18. 4 × 7 = ____      43. 8 × 12 = ____
19. 3 × 2 = ____      44. 12 × 11 = ____
20. 8 × 4 = ____      45. 6 × 9 = ____
21. 3 × 5 = ____      46. 5 × 2 = ____
22. 4 × 2 = ____      47. 8 × 9 = ____
23. 7 × 7 = ____      48. 3 × 7 = ____
24. 6 × 3 = ____      49. 3 × 12 = ____
25. 11 × 11 = ____    50. 12 × 6 = ____

**SERIES**

Your Score: _____

TIMES TABLE CHALLENGE - Prim-Ed Publishing - 18

---

## FOCUS

Date: _____
Name: _____

**Level R**  Focus: 0 - 11

1.  3 × 3 = ____      26. 11 × 12 = ____
2.  9 × 1 = ____      27. 5 × 5 = ____
3.  2 × 7 = ____      28. 9 × 7 = ____
4.  4 × 3 = ____      29. 11 × 1 = ____
5.  10 × 5 = ____     30. 4 × 5 = ____
6.  11 × 7 = ____     31. 8 × 6 = ____
7.  10 × 10 = ____    32. 5 × 9 = ____
8.  3 × 2 = ____      33. 6 × 5 = ____
9.  3 × 7 = ____      34. 0 × 7 = ____
10. 4 × 4 = ____      35. 6 × 7 = ____
11. 3 × 9 = ____      36. 8 × 8 = ____
12. 4 × 6 = ____      37. 4 × 9 = ____
13. 2 × 2 = ____      38. 7 × 6 = ____
14. 8 × 3 = ____      39. 8 × 7 = ____
15. 5 × 8 = ____      40. 9 × 9 = ____
16. 6 × 6 = ____      41. 7 × 10 = ____
17. 2 × 9 = ____      42. 8 × 2 = ____
18. 4 × 7 = ____      43. 8 × 12 = ____
19. 3 × 2 = ____      44. 12 × 11 = ____
20. 8 × 4 = ____      45. 6 × 9 = ____
21. 3 × 5 = ____      46. 5 × 2 = ____
22. 4 × 2 = ____      47. 8 × 9 = ____
23. 7 × 7 = ____      48. 3 × 7 = ____
24. 6 × 3 = ____      49. 3 × 12 = ____
25. 11 × 11 = ____    50. 12 × 6 = ____

**SERIES**

Your Score: _____

TIMES TABLE CHALLENGE - Prim-Ed Publishing - 18

**FOCUS**

Date: _____

Name: _____

Level S    Focus: 11, 12

1. 2 × 12 = ____
2. 3 × 11 = ____
3. 0 × 12 = ____
4. 3 × 12 = ____
5. 12 × 5 = ____
6. 1 × 12 = ____
7. 11 × 7 = ____
8. 12 × 4 = ____
9. 11 × 9 = ____
10. 5 × 11 = ____
11. 12 × 7 = ____
12. 2 × 11 = ____
13. 11 × 10 = ____
14. 1 × 11 = ____
15. 6 × 12 = ____
16. 4 × 11 = ____
17. 8 × 12 = ____
18. 11 × 0 = ____
19. 8 × 11 = ____
20. 10 × 12 = ____
21. 12 × 0 = ____
22. 12 × 8 = ____
23. 11 × 6 = ____
24. 12 × 9 = ____
25. 11 × 1 = ____
26. 7 × 12 = ____
27. 11 × 2 = ____
28. 12 × 12 = ____
29. 11 × 3 = ____
30. 11 × 12 = ____
31. 11 × 4 = ____
32. 10 × 11 = ____
33. 6 × 11 = ____
34. 11 × 11 = ____
35. 12 × 10 = ____
36. 11 × 5 = ____
37. 12 × 3 = ____
38. 12 × 1 = ____
39. 9 × 11 = ____
40. 12 × 2 = ____
41. 0 × 11 = ____
42. 5 × 12 = ____
43. 11 × 8 = ____
44. 4 × 12 = ____
45. 12 × 6 = ____
46. 12 × 11 = ____
47. 8 × 12 = ____
48. 7 × 11 = ____
49. 12 × 7 = ____
50. 9 × 12 = ____

**SERIES**

Your Score: _____

TIMES TABLE CHALLENGE - Prim-Ed Publishing - 19

**FOCUS**

Date: _____
Name: _____

**Level T**  Focus: 0 - 12

1. 4 × 3 = ____    26. 7 × 7 = ____
2. 5 × 6 = ____    27. 8 × 4 = ____
3. 2 × 2 = ____    28. 2 × 3 = ____
4. 3 × 8 = ____    29. 1 × 4 = ____
5. 4 × 2 = ____    30. 6 × 6 = ____
6. 5 × 7 = ____    31. 10 × 4 = ____
7. 3 × 0 = ____    32. 6 × 9 = ____
8. 5 × 5 = ____    33. 11 × 11 = ____
9. 4 × 7 = ____    34. 4 × 5 = ____
10. 1 × 1 = ____   35. 3 × 7 = ____
11. 6 × 3 = ____   36. 0 × 10 = ____
12. 8 × 2 = ____   37. 8 × 8 = ____
13. 9 × 4 = ____   38. 7 × 11 = ____
14. 10 × 2 = ____  39. 4 × 7 = ____
15. 4 × 4 = ____   40. 9 × 12 = ____
16. 5 × 7 = ____   41. 8 × 7 = ____
17. 2 × 11 = ____  42. 5 × 2 = ____
18. 3 × 9 = ____   43. 9 × 9 = ____
19. 2 × 7 = ____   44. 4 × 12 = ____
20. 8 × 5 = ____   45. 4 × 9 = ____
21. 3 × 3 = ____   46. 11 × 12 = ____
22. 10 × 7 = ____  47. 3 × 5 = ____
23. 11 × 12 = ____ 48. 12 × 12 = ____
24. 6 × 4 = ____   49. 12 × 8 = ____
25. 10 × 10 = ____ 50. 7 × 9 = ____

**SERIES**

Your Score: _____

TIMES TABLE CHALLENGE - Prim-Ed Publishing - 20

---

**FOCUS**

Date: _____
Name: _____

**Level T**  Focus: 0 - 12

1. 4 × 3 = ____    26. 7 × 7 = ____
2. 5 × 6 = ____    27. 8 × 4 = ____
3. 2 × 2 = ____    28. 2 × 3 = ____
4. 3 × 8 = ____    29. 1 × 4 = ____
5. 4 × 2 = ____    30. 6 × 6 = ____
6. 5 × 7 = ____    31. 10 × 4 = ____
7. 3 × 0 = ____    32. 6 × 9 = ____
8. 5 × 5 = ____    33. 11 × 11 = ____
9. 4 × 7 = ____    34. 4 × 5 = ____
10. 1 × 1 = ____   35. 3 × 7 = ____
11. 6 × 3 = ____   36. 0 × 10 = ____
12. 8 × 2 = ____   37. 8 × 8 = ____
13. 9 × 4 = ____   38. 7 × 11 = ____
14. 10 × 2 = ____  39. 4 × 7 = ____
15. 4 × 4 = ____   40. 9 × 12 = ____
16. 5 × 7 = ____   41. 8 × 7 = ____
17. 2 × 11 = ____  42. 5 × 2 = ____
18. 3 × 9 = ____   43. 9 × 9 = ____
19. 2 × 7 = ____   44. 4 × 12 = ____
20. 8 × 5 = ____   45. 4 × 9 = ____
21. 3 × 3 = ____   46. 11 × 12 = ____
22. 10 × 7 = ____  47. 3 × 5 = ____
23. 11 × 12 = ____ 48. 12 × 12 = ____
24. 6 × 4 = ____   49. 12 × 8 = ____
25. 10 × 10 = ____ 50. 7 × 9 = ____

**SERIES**

Your Score: _____

TIMES TABLE CHALLENGE - Prim-Ed Publishing - 20

# CHALLENGER

Date: _____

Name: _____

**Level AA**  **Very Easy**

1. 3 × 2 = ____
2. 5 × 0 = ____
3. 4 × 1 = ____
4. 3 × 3 = ____
5. 4 × 2 = ____
6. 1 × 7 = ____
7. 2 × 2 = ____
8. 2 × 6 = ____
9. 10 × 1 = ____
10. 8 × 2 = ____
11. 5 × 2 = ____
12. 3 × 4 = ____
13. 5 × 3 = ____
14. 6 × 10 = ____
15. 9 × 2 = ____
16. 1 × 2 = ____
17. 10 × 2 = ____
18. 10 × 4 = ____
19. 10 × 0 = ____
20. 11 × 3 = ____
21. 6 × 3 = ____
22. 10 × 1 = ____
23. 3 × 10 = ____
24. 7 × 2 = ____
25. 4 × 4 = ____

26. 6 × 2 = ____
27. 2 × 11 = ____
28. 5 × 11 = ____
29. 6 × 0 = ____
30. 5 × 4 = ____
31. 2 × 5 = ____
32. 11 × 4 = ____
33. 8 × 2 = ____
34. 10 × 5 = ____
35. 3 × 3 = ____
36. 6 × 1 = ____
37. 4 × 3 = ____
38. 3 × 5 = ____
39. 2 × 3 = ____
40. 2 × 9 = ____
41. 4 × 4 = ____
42. 6 × 5 = ____
43. 8 × 1 = ____
44. 2 × 10 = ____
45. 2 × 7 = ____
46. 3 × 6 = ____
47. 9 × 0 = ____
48. 10 × 3 = ____
49. 5 × 5 = ____
50. 3 × 4 = ____

## SERIES

Your Score: _____

TIMES TABLE CHALLENGE - Prim-Ed Publishing

# CHALLENGER SERIES

Date: _____

Name: _____

**Level BB**        **Pretty Easy**

1. 8 × 1 = _____
2. 2 × 7 = _____
3. 5 × 0 = _____
4. 2 × 5 = _____
5. 4 × 2 = _____
6. 10 × 7 = _____
7. 3 × 2 = _____
8. 4 × 4 = _____
9. 2 × 9 = _____
10. 5 × 4 = _____
11. 3 × 4 = _____
12. 3 × 9 = _____
13. 10 × 1 = _____
14. 3 × 6 = _____
15. 10 × 10 = _____
16. 3 × 3 = _____
17. 5 × 6 = _____
18. 4 × 7 = _____
19. 6 × 6 = _____
20. 7 × 3 = _____
21. 2 × 2 = _____
22. 5 × 11 = _____
23. 3 × 8 = _____
24. 10 × 0 = _____
25. 4 × 6 = _____

26. 10 × 9 = _____
27. 2 × 12 = _____
28. 4 × 8 = _____
29. 2 × 8 = _____
30. 6 × 3 = _____
31. 12 × 1 = _____
32. 5 × 5 = _____
33. 7 × 5 = _____
34. 3 × 8 = _____
35. 1 × 3 = _____
36. 11 × 8 = _____
37. 9 × 0 = _____
38. 2 × 11 = _____
39. 5 × 2 = _____
40. 4 × 4 = _____
41. 4 × 6 = _____
42. 5 × 8 = _____
43. 9 × 4 = _____
44. 5 × 9 = _____
45. 10 × 2 = _____
46. 5 × 5 = _____
47. 4 × 7 = _____
48. 3 × 7 = _____
49. 12 × 3 = _____
50. 7 × 5 = _____

Your Score: _____

TIMES TABLE CHALLENGE - Prim-Ed Publishing - 22

---

# CHALLENGER SERIES

Date: _____

Name: _____

**Level BB**        **Pretty Easy**

1. 8 × 1 = _____
2. 2 × 7 = _____
3. 5 × 0 = _____
4. 2 × 5 = _____
5. 4 × 2 = _____
6. 10 × 7 = _____
7. 3 × 2 = _____
8. 4 × 4 = _____
9. 2 × 9 = _____
10. 5 × 4 = _____
11. 3 × 4 = _____
12. 3 × 9 = _____
13. 10 × 1 = _____
14. 3 × 6 = _____
15. 10 × 10 = _____
16. 3 × 3 = _____
17. 5 × 6 = _____
18. 4 × 7 = _____
19. 6 × 6 = _____
20. 7 × 3 = _____
21. 2 × 2 = _____
22. 5 × 11 = _____
23. 3 × 8 = _____
24. 10 × 0 = _____
25. 4 × 6 = _____

26. 10 × 9 = _____
27. 2 × 12 = _____
28. 4 × 8 = _____
29. 2 × 8 = _____
30. 6 × 3 = _____
31. 12 × 1 = _____
32. 5 × 5 = _____
33. 7 × 5 = _____
34. 3 × 8 = _____
35. 1 × 3 = _____
36. 11 × 8 = _____
37. 9 × 0 = _____
38. 2 × 11 = _____
39. 5 × 2 = _____
40. 4 × 4 = _____
41. 4 × 6 = _____
42. 5 × 8 = _____
43. 9 × 4 = _____
44. 5 × 9 = _____
45. 10 × 2 = _____
46. 5 × 5 = _____
47. 4 × 7 = _____
48. 3 × 7 = _____
49. 12 × 3 = _____
50. 7 × 5 = _____

Your Score: _____

TIMES TABLE CHALLENGE - Prim-Ed Publishing - 22

# CHALLENGER SERIES

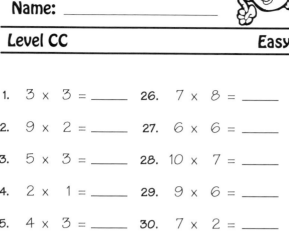

Date: _____

Name: _____

**Level CC**  **Easy**

1. 3 × 3 = ____
2. 9 × 2 = ____
3. 5 × 3 = ____
4. 2 × 1 = ____
5. 4 × 3 = ____
6. 5 × 4 = ____
7. 3 × 7 = ____
8. 6 × 5 = ____
9. 2 × 5 = ____
10. 2 × 2 = ____
11. 7 × 5 = ____
12. 6 × 3 = ____
13. 5 × 1 = ____
14. 8 × 2 = ____
15. 5 × 8 = ____
16. 2 × 6 = ____
17. 10 × 3 = ____
18. 4 × 0 = ____
19. 7 × 7 = ____
20. 9 × 3 = ____
21. 4 × 6 = ____
22. 9 × 5 = ____
23. 4 × 4 = ____
24. 6 × 8 = ____
25. 7 × 4 = ____

26. 7 × 8 = ____
27. 6 × 6 = ____
28. 10 × 7 = ____
29. 9 × 6 = ____
30. 7 × 2 = ____
31. 11 × 5 = ____
32. 8 × 1 = ____
33. 4 × 9 = ____
34. 3 × 8 = ____
35. 5 × 5 = ____
36. 9 × 7 = ____
37. 2 × 5 = ____
38. 10 × 4 = ____
39. 3 × 8 = ____
40. 8 × 4 = ____
41. 1 × 1 = ____
42. 7 × 6 = ____
43. 0 × 10 = ____
44. 5 × 6 = ____
45. 4 × 2 = ____
46. 4 × 9 = ____
47. 11 × 4 = ____
48. 3 × 7 = ____
49. 4 × 6 = ____
50. 6 × 7 = ____

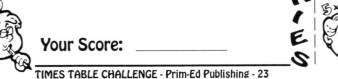

**Your Score:** _____

TIMES TABLE CHALLENGE - Prim-Ed Publishing - 23

# CHALLENGER

Date: _____

Name: _____

## Level DD — Sort of Easy

1. 2 × 7 = ____
2. 3 × 1 = ____
3. 4 × 4 = ____
4. 5 × 3 = ____
5. 4 × 5 = ____
6. 3 × 2 = ____
7. 10 × 4 = ____
8. 3 × 6 = ____
9. 12 × 0 = ____
10. 6 × 3 = ____
11. 0 × 4 = ____
12. 3 × 3 = ____
13. 5 × 1 = ____
14. 7 × 5 = ____
15. 5 × 5 = ____
16. 9 × 2 = ____
17. 4 × 8 = ____
18. 7 × 3 = ____
19. 10 × 10 = ____
20. 3 × 8 = ____
21. 9 × 5 = ____
22. 8 × 8 = ____
23. 6 × 8 = ____
24. 6 × 7 = ____
25. 10 × 11 = ____

26. 9 × 0 = ____
27. 4 × 7 = ____
28. 11 × 9 = ____
29. 10 × 8 = ____
30. 2 × 2 = ____
31. 4 × 6 = ____
32. 8 × 7 = ____
33. 11 × 2 = ____
34. 4 × 3 = ____
35. 8 × 5 = ____
36. 9 × 9 = ____
37. 6 × 8 = ____
38. 7 × 7 = ____
39. 2 × 8 = ____
40. 0 × 10 = ____
41. 6 × 4 = ____
42. 8 × 7 = ____
43. 6 × 5 = ____
44. 11 × 8 = ____
45. 9 × 7 = ____
46. 6 × 6 = ____
47. 8 × 3 = ____
48. 9 × 6 = ____
49. 8 × 4 = ____
50. 9 × 8 = ____

## SERIES

Your Score: _____

TIMES TABLE CHALLENGE - Prim-Ed Publishing - 24

# CHALLENGER SERIES

Date: _____

Name: _____

**Level EE**  Not so Easy

1. 6 × 2 = ____
2. 2 × 5 = ____
3. 7 × 3 = ____
4. 6 × 4 = ____
5. 6 × 3 = ____
6. 4 × 2 = ____
7. 4 × 5 = ____
8. 6 × 5 = ____
9. 9 × 5 = ____
10. 11 × 7 = ____
11. 4 × 4 = ____
12. 3 × 7 = ____
13. 4 × 6 = ____
14. 9 × 4 = ____
15. 10 × 10 = ____
16. 11 × 0 = ____
17. 12 × 1 = ____
18. 3 × 9 = ____
19. 2 × 12 = ____
20. 2 × 7 = ____
21. 3 × 3 = ____
22. 7 × 8 = ____
23. 4 × 8 = ____
24. 11 × 11 = ____
25. 12 × 6 = ____

26. 6 × 9 = ____
27. 4 × 7 = ____
28. 6 × 8 = ____
29. 12 × 9 = ____
30. 3 × 12 = ____
31. 12 × 4 = ____
32. 9 × 9 = ____
33. 12 × 12 = ____
34. 7 × 7 = ____
35. 9 × 6 = ____
36. 2 × 9 = ____
37. 8 × 9 = ____
38. 8 × 12 = ____
39. 4 × 0 = ____
40. 11 × 8 = ____
41. 12 × 7 = ____
42. 5 × 5 = ____
43. 8 × 7 = ____
44. 4 × 11 = ____
45. 10 × 11 = ____
46. 8 × 6 = ____
47. 5 × 12 = ____
48. 9 × 7 = ____
49. 6 × 7 = ____
50. 9 × 8 = ____

Your Score: _____

TIMES TABLE CHALLENGE - Prim-Ed Publishing - 25

# CHALLENGER

Date: _____

Name: _____

**Level FF**        **Getting Tricky**

1. 5 × 9 = ____
2. 4 × 4 = ____
3. 2 × 3 × 2 = ____
4. 3 × 5 = ____
5. 2 × 4 = ____
6. 10 × 6 = ____
7. 3 × 3 × 2 = ____
8. 4 × 8 = ____
9. 2 × 2 = ____
10. 3 × 4 = ____
11. 3 × 3 × 3 = ____
12. 5 × 2 = ____
13. 3 × 9 = ____
14. 3 × 2 × 4 = ____
15. 6 × 6 = ____
16. 4 × 5 = ____
17. 10 × 10 = ____
18. 4 × 2 × 4 = ____
19. 9 × 4 = ____
20. 7 × 8 = ____
21. 6 × 4 = ____
22. 3 × 3 × 4 = ____
23. 3 × 8 = ____
24. 4 × 7 = ____
25. 6 × 8 = ____

26. 3 × 3 × 5 = ____
27. 8 × 5 = ____
28. 11 × 5 = ____
29. 3 × 7 = ____
30. 8 × 0 = ____
31. 3 × 4 × 2 = ____
32. 4 × 9 = ____
33. 7 × 6 = ____
34. 5 × 5 = ____
35. 3 × 2 × 6 = ____
36. 10 × 3 = ____
37. 7 × 7 = ____
38. 6 × 9 = ____
39. 11 × 8 = ____
40. 5 × 2 × 8 = ____
41. 4 × 6 = ____
42. 11 × 3 = ____
43. 8 × 6 = ____
44. 4 × 3 × 2 = ____
45. 8 × 8 = ____
46. 3 × 9 = ____
47. 10 × 0 = ____
48. 2 × 4 × 4 = ____
49. 9 × 11 = ____
50. 7 × 8 = ____

## SERIES

**Your Score:** _____

TIMES TABLE CHALLENGE - Prim-Ed Publishing - 26

# CHALLENGER SERIES

Date: _____

Name: _____

**Level GG**  This is Tricky

1. 3 × 7 = ____
2. 6 × 2 = ____
3. 4 × 5 = ____
4. 2 × 2 × 2 = ____
5. 6 × 3 = ____
6. 5 × 2 = ____
7. 3 × 5 = ____
8. 9 × 2 = ____
9. 3 × 2 × 2 = ____
10. 7 × 0 = ____
11. 10 × 10 = ____
12. 6 × 2 × 0 = ____
13. 4 × 3 = ____
14. 4 × 2 = ____
15. 8 × 5 = ____
16. 4 × 4 = ____
17. 3 × 6 = ____
18. 5 × 9 = ____
19. 3 × 2 × 4 = ____
20. 6 × 6 = ____
21. 11 × 5 = ____
22. 1 × 1 × 1 = ____
23. 4 × 9 = ____
24. 6 × 7 = ____
25. 9 × 3 = ____

26. 5 × 6 = ____
27. 3 × 2 × 7 = ____
28. 11 × 11 = ____
29. 5 × 2 × 5 = ____
30. 8 × 6 = ____
31. 5 × 5 = ____
32. 7 × 8 = ____
33. 3 × 3 × 4 = ____
34. 6 × 9 = ____
35. 7 × 7 = ____
36. 3 × 3 × 5 = ____
37. 4 × 7 = ____
38. 10 × 8 = ____
39. 0 × 9 = ____
40. 4 × 8 = ____
41. 9 × 9 = ____
42. 2 × 2 × 7 = ____
43. 5 × 10 = ____
44. 2 × 3 × 4 = ____
45. 8 × 8 = ____
46. 11 × 10 = ____
47. 2 × 2 × 4 = ____
48. 4 × 2 × 7 = ____
49. 3 × 3 × 6 = ____
50. 4 × 3 = ____

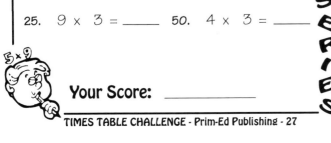

Your Score: _____

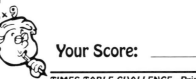

# CHALLENGER

Date: _____

Name: _____

## Level HH — Almost Extreme

1. 2 x 2 x 2 = _____
2. 7 x 3 = _____
3. 3 x 3 x 3 = _____
4. 4 x 8 = _____
5. 3 x 6 x 4 = _____
6. 2 x 5 x 3 = _____
7. 4 x 7 x 2 = _____
8. 2 x 6 x 4 = _____
9. 3 x 2 x 3 = _____
10. 4 x 9 = _____
11. 10 x 10 = _____
12. 9 x 0 x 2 = _____
13. 4 x 1 = _____
14. 6 x 6 x 2 = _____
15. 7 x 4 x 3 = _____
16. 3 x 9 = _____
17. 2 x 2 x 3 = _____
18. 4 x 2 x 2 = _____
19. 3 x 4 x 3 = _____
20. 6 x 8 = _____
21. 7 x 7 = _____
22. 6 x 4 x 2 = _____
23. 1 x 1 x 12 = _____
24. 1 x 10 x 5 = _____
25. 3 x 9 x 4 = _____

26. 3 x 12 x 4 = _____
27. 11 x 5 x 2 = _____
28. 6 x 6 = _____
29. 11 x 3 x 3 = _____
30. 8 x 7 = _____
31. 11 x 10 = _____
32. 11 x 3 x 4 = _____
33. 5 x 5 = _____
34. 2 x 1 x 1 = _____
35. 10 x 4 x 3 = _____
36. 8 x 5 = _____
37. 9 x 4 x 3 = _____
38. 12 x 6 x 2 = _____
39. 2 x 0 x 2 = _____
40. 4 x 6 x 3 = _____
41. 9 x 9 = _____
42. 2 x 7 = _____
43. 8 x 2 x 2 = _____
44. 7 x 3 x 2 = _____
45. 4 x 6 = _____
46. 2 x 9 x 5 = _____
47. 5 x 8 x 2 = _____
48. 10 x 1 x 10 = _____
49. 6 x 3 x 4 = _____
50. 4 x 8 x 3 = _____

SERIES

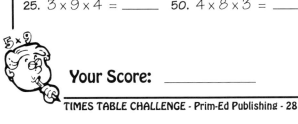

Your Score: _____

TIMES TABLE CHALLENGE - Prim-Ed Publishing - 28

# CHALLENGER

Date: _____
Name: _____

**Level II**  —  **This is Extreme**

1. $3 \times 3 \times 3 =$ _____
2. $4 \times 5 \times 1 =$ _____
3. $1 \times 1 \times 1 =$ _____
4. $6 \times 1 \times 2 =$ _____
5. $4 \times 2 \times 2 =$ _____
6. $2 \times 3 \times 4 =$ _____
7. $2 \times 3 \times 3 =$ _____
8. $3 \times 8 \times 4 =$ _____
9. $4 \times 2 \times 4 =$ _____
10. $3 \times 5 \times 3 =$ _____
11. $2 \times 7 \times 5 =$ _____
12. $8 \times 0 \times 0 =$ _____
13. $3 \times 6 \times 4 =$ _____
14. $2 \times 7 \times 2 =$ _____
15. $2 \times 9 \times 5 =$ _____
16. $11 \times 5 \times 2 =$ _____
17. $6 \times 3 \times 3 =$ _____
18. $3 \times 5 \times 2 =$ _____
19. $9 \times 4 \times 3 =$ _____
20. $2 \times 6 \times 4 =$ _____
21. $2 \times 2 \times 2 =$ _____
22. $2 \times 9 \times 3 =$ _____
23. $2 \times 8 \times 3 =$ _____
24. $11 \times 2 \times 5 =$ _____
25. $11 \times 1 \times 11 =$ _____

26. $12 \times 2 \times 5 =$ _____
27. $11 \times 3 \times 4 =$ _____
28. $6 \times 12 \times 2 =$ _____
29. $3 \times 8 \times 3 =$ _____
30. $4 \times 8 \times 3 =$ _____
31. $6 \times 8 \times 2 =$ _____
32. $3 \times 7 \times 3 =$ _____
33. $5 \times 1 \times 11 =$ _____
34. $2 \times 10 \times 2 =$ _____
35. $5 \times 3 \times 4 =$ _____
36. $3 \times 6 \times 3 =$ _____
37. $7 \times 4 \times 3 =$ _____
38. $11 \times 4 \times 3 =$ _____
39. $5 \times 6 \times 2 =$ _____
40. $6 \times 4 \times 2 =$ _____
41. $9 \times 3 \times 4 =$ _____
42. $3 \times 4 \times 3 =$ _____
43. $3 \times 7 \times 4 =$ _____
44. $9 \times 3 \times 3 =$ _____
45. $12 \times 3 \times 3 =$ _____
46. $6 \times 4 \times 3 =$ _____
47. $7 \times 6 \times 2 =$ _____
48. $8 \times 9 \times 1 =$ _____
49. $10 \times 4 \times 3 =$ _____
50. $9 \times 2 \times 6 =$ _____

**SERIES**

Your Score: _____

TIMES TABLE CHALLENGE - Prim-Ed Publishing

# CHALLENGER

Date: _____
Name: _____

**Level JJ**      **Beyond Extreme**

1. 2 x 3 x 4 = _____
2. 4 x 2 x 4 = _____
3. 2 x 7 x 5 = _____
4. 7 x 0 x 0 = _____
5. 2 x 7 x 2 = _____
6. 3 x 5 x 2 = _____
7. 2 x 6 x 4 = _____
8. 2 x 9 x 3 = _____
9. 10 x 4 x 3 = _____
10. 3 x 7 x 3 = _____
11. 11 x 4 x 3 = _____
12. 4 x 8 x 3 = _____
13. 2 x 3 x 3 = _____
14. 6 x 1 x 2 = _____
15. 8 x 4 x 3 = _____
16. 4 x 5 x 3 = _____
17. 12 x 2 x 5 = _____
18. 5 x 6 x 2 = _____
19. 3 x 7 x 4 = _____
20. 3 x 4 x 3 = _____
21. 6 x 3 x 4 = _____
22. 12 x 3 x 3 = _____
23. 2 x 8 x 3 = _____
24. 9 x 4 x 3 = _____
25. 11 x 3 x 3 = _____

26. 9 x 3 x 3 = _____
27. 3 x 6 x 3 = _____
28. 6 x 8 x 2 = _____
29. 3 x 8 x 3 = _____
30. 6 x 12 x 2 = _____
31. 11 x 3 x 4 = _____
32. 2 x 2 x 2 = _____
33. 8 x 4 x 2 = _____
34. 3 x 5 x 3 = _____
35. 3 x 6 x 4 = _____
36. 7 x 4 x 3 = _____
37. 5 x 3 x 4 = _____
38. 2 x 9 x 5 = _____
39. 11 x 5 x 2 = _____
40. 3 x 3 x 6 = _____
41. 2 x 10 x 2 = _____
42. 4 x 4 x 3 = _____
43. 9 x 3 x 4 = _____
44. 6 x 6 x 2 = _____
45. 6 x 4 x 2 = _____
46. 9 x 2 x 2 = _____
47. 7 x 6 x 2 = _____
48. 1 x 1 x 10 = _____
49. 4 x 2 x 2 = _____
50. 3 x 4 x 3 = _____

**Your Score:** _____

TIMES TABLE CHALLENGE - Prim-Ed Publishing - 30

---

# CHALLENGER

Date: _____
Name: _____

**Level JJ**      **Beyond Extreme**

1. 2 x 3 x 4 = _____
2. 4 x 2 x 4 = _____
3. 2 x 7 x 5 = _____
4. 7 x 0 x 0 = _____
5. 2 x 7 x 2 = _____
6. 3 x 5 x 2 = _____
7. 2 x 6 x 4 = _____
8. 2 x 9 x 3 = _____
9. 10 x 4 x 3 = _____
10. 3 x 7 x 3 = _____
11. 11 x 4 x 3 = _____
12. 4 x 8 x 3 = _____
13. 2 x 3 x 3 = _____
14. 6 x 1 x 2 = _____
15. 8 x 4 x 3 = _____
16. 4 x 5 x 3 = _____
17. 12 x 2 x 5 = _____
18. 5 x 6 x 2 = _____
19. 3 x 7 x 4 = _____
20. 3 x 4 x 3 = _____
21. 6 x 3 x 4 = _____
22. 12 x 3 x 3 = _____
23. 2 x 8 x 3 = _____
24. 9 x 4 x 3 = _____
25. 11 x 3 x 3 = _____

26. 9 x 3 x 3 = _____
27. 3 x 6 x 3 = _____
28. 6 x 8 x 2 = _____
29. 3 x 8 x 3 = _____
30. 6 x 12 x 2 = _____
31. 11 x 3 x 4 = _____
32. 2 x 2 x 2 = _____
33. 8 x 4 x 2 = _____
34. 3 x 5 x 3 = _____
35. 3 x 6 x 4 = _____
36. 7 x 4 x 3 = _____
37. 5 x 3 x 4 = _____
38. 2 x 9 x 5 = _____
39. 11 x 5 x 2 = _____
40. 3 x 3 x 6 = _____
41. 2 x 10 x 2 = _____
42. 4 x 4 x 3 = _____
43. 9 x 3 x 4 = _____
44. 6 x 6 x 2 = _____
45. 6 x 4 x 2 = _____
46. 9 x 2 x 2 = _____
47. 7 x 6 x 2 = _____
48. 1 x 1 x 10 = _____
49. 4 x 2 x 2 = _____
50. 3 x 4 x 3 = _____

**Your Score:** _____

TIMES TABLE CHALLENGE - Prim-Ed Publishing - 30

## Answers

| | A | B | C | D | E | F | G | H | I | J | K | L | M | N | O |
|---|---|---|---|---|---|---|---|---|---|---|---|---|---|---|---|
| 1 | 4 | 4 | 9 | 14 | 8 | 12 | 12 | 4 | 60 | 10 | 16 | 4 | 18 | 12 | 70 |
| 2 | 0 | 0 | 3 | 20 | 0 | 3 | 0 | 9 | 12 | 15 | 0 | 9 | 0 | 4 | 18 |
| 3 | 8 | 20 | 12 | 0 | 10 | 0 | 20 | 8 | 35 | 0 | 21 | 25 | 16 | 16 | 0 |
| 4 | 6 | 3 | 8 | 10 | 20 | 6 | 18 | 0 | 14 | 12 | 14 | 70 | 9 | 10 | 40 |
| 5 | 10 | 0 | 6 | 4 | 12 | 14 | 10 | 14 | 6 | 25 | 28 | 4 | 45 | 10 | 9 |
| 6 | 6 | 2 | 40 | 10 | 40 | 9 | 6 | 12 | 21 | 0 | 8 | 10 | 36 | 9 | 100 |
| 7 | 10 | 6 | 15 | 9 | 30 | 12 | 15 | 15 | 0 | 4 | 40 | 20 | 24 | 32 | 20 |
| 8 | 14 | 10 | 4 | 8 | 15 | 25 | 24 | 10 | 36 | 24 | 70 | 12 | 40 | 55 | 27 |
| 9 | 5 | 8 | 30 | 21 | 4 | 50 | 40 | 18 | 18 | 14 | 56 | 32 | 90 | 16 | 90 |
| 10 | 20 | 30 | 20 | 40 | 50 | 27 | 30 | 8 | 70 | 4 | 32 | 0 | 0 | 27 | 30 |
| 11 | 6 | 9 | 12 | 18 | 35 | 30 | 50 | 30 | 24 | 16 | 80 | 24 | 27 | 36 | 36 |
| 12 | 8 | 12 | 18 | 16 | 16 | 16 | 55 | 24 | 28 | 27 | 48 | 8 | 80 | 16 | 54 |
| 13 | 9 | 0 | 16 | 24 | 24 | 2 | 6 | 30 | 49 | 10 | 24 | 60 | 32 | 36 | 72 |
| 14 | 4 | 12 | 21 | 18 | 25 | 10 | 35 | 36 | 48 | 40 | 42 | 12 | 63 | 60 | 45 |
| 15 | 12 | 8 | 24 | 12 | 40 | 16 | 25 | 6 | 7 | 9 | 72 | 77 | 64 | 42 | 81 |
| 16 | 7 | 16 | 27 | 24 | 28 | 24 | 36 | 16 | 21 | 24 | 63 | 14 | 45 | 25 | 50 |
| 17 | 18 | 24 | 28 | 32 | 45 | 20 | 45 | 40 | 42 | 66 | 56 | 21 | 81 | 24 | 63 |
| 18 | 1 | 12 | 24 | 3 | 5 | 21 | 48 | 27 | 63 | 32 | 35 | 72 | 48 | 77 | 60 |
| 19 | 2 | 15 | 36 | 8 | 36 | 12 | 5 | 42 | 24 | 42 | 49 | 18 | 8 | 40 | 0 |
| 20 | 16 | 18 | 21 | 30 | 20 | 7 | 0 | 28 | 0 | 24 | 8 | 1 | 88 | 36 | 70 |
| 21 | 8 | 6 | 32 | 16 | 28 | 18 | 54 | 21 | 54 | 7 | 7 | 18 | 72 | 72 | 90 |
| 22 | 0 | 14 | 20 | 28 | 45 | 40 | 60 | 32 | 0 | 18 | 64 | 16 | 54 | 99 | 10 |
| 23 | 4 | 21 | 15 | 27 | 32 | 15 | 42 | 24 | 7 | 49 | 16 | 24 | 0 | 28 | 99 |
| 24 | 6 | 27 | 18 | 14 | 60 | 18 | 24 | 54 | 30 | 70 | 0 | 48 | 32 | 49 | 110 |
| 25 | 14 | 18 | 32 | 8 | 8 | 28 | 18 | 18 | 56 | 54 | 88 | 50 | 56 | 48 | 80 |
| 26 | 11 | 24 | 33 | 15 | 44 | 44 | 55 | 40 | 77 | 35 | 84 | 36 | 72 | 60 | 36 |
| 27 | 18 | 16 | 0 | 20 | 40 | 20 | 12 | 16 | 0 | 18 | 63 | 56 | 54 | 56 | 9 |
| 28 | 0 | 27 | 44 | 12 | 55 | 45 | 30 | 0 | 54 | 36 | 40 | 0 | 99 | 0 | 72 |
| 29 | 22 | 18 | 36 | 20 | 0 | 8 | 20 | 44 | 66 | 32 | 0 | 84 | 40 | 18 | 110 |
| 30 | 7 | 15 | 24 | 33 | 12 | 60 | 40 | 24 | 30 | 54 | 96 | 72 | 56 | 64 | 27 |
| 31 | 12 | 14 | 27 | 0 | 15 | 24 | 66 | 48 | 48 | 24 | 72 | 24 | 32 | 63 | 50 |
| 32 | 24 | 20 | 36 | 2 | 36 | 22 | 72 | 21 | 72 | 48 | 42 | 12 | 96 | 48 | 108 |
| 33 | 0 | 33 | 0 | 6 | 48 | 24 | 10 | 24 | 84 | 16 | 48 | 40 | 9 | 81 | 20 |
| 34 | 16 | 21 | 8 | 48 | 40 | 12 | 60 | 35 | 42 | 30 | 35 | 63 | 90 | 6 | 54 |
| 35 | 0 | 30 | 6 | 44 | 50 | 48 | 48 | 72 | 35 | 77 | 70 | 96 | 24 | 84 | 45 |
| 36 | 11 | 10 | 0 | 22 | 60 | 9 | 0 | 12 | 14 | 20 | 24 | 42 | 108 | 72 | 18 |
| 37 | 10 | 18 | 40 | 36 | 4 | 36 | 54 | 48 | 84 | 28 | 84 | 16 | 0 | 88 | 63 |
| 38 | 22 | 12 | 48 | 24 | 5 | 55 | 50 | 54 | 28 | 72 | 77 | 88 | 8 | 108 | 120 |
| 39 | 0 | 33 | 36 | 12 | 35 | 18 | 5 | 28 | 6 | 63 | 0 | 64 | 56 | 90 | 0 |
| 40 | 3 | 24 | 44 | 0 | 0 | 20 | 60 | 50 | 72 | 55 | 21 | 0 | 48 | 32 | 99 |
| 41 | 9 | 0 | 24 | 4 | 48 | 36 | 45 | 36 | 60 | 36 | 88 | 24 | 63 | 96 | 60 |
| 42 | 12 | 22 | 30 | 32 | 30 | 0 | 35 | 33 | 63 | 45 | 80 | 60 | 96 | 81 | 40 |
| 43 | 8 | 24 | 4 | 1 | 55 | 32 | 66 | 32 | 12 | 48 | 28 | 63 | 99 | 24 | 54 |
| 44 | 10 | 2 | 0 | 24 | 44 | 27 | 0 | 3 | 77 | 6 | 14 | 49 | 80 | 64 | 0 |
| 45 | 3 | 6 | 48 | 11 | 60 | 40 | 72 | 60 | 72 | 84 | 96 | 66 | 18 | 72 | 120 |
| 46 | 2 | 36 | 28 | 27 | 50 | 4 | 42 | 18 | 70 | 1 | 7 | 48 | 108 | 56 | 30 |
| 47 | 0 | 24 | 33 | 36 | 32 | 5 | 15 | 55 | 56 | 36 | 96 | 36 | 16 | 33 | 63 |
| 48 | 20 | 22 | 3 | 22 | 10 | 36 | 24 | 4 | 18 | 60 | 77 | 28 | 36 | 63 | 10 |
| 49 | 12 | 36 | 48 | 21 | 0 | 28 | 42 | 36 | 66 | 0 | 32 | 54 | 88 | 36 | 80 |
| 50 | 24 | 3 | 36 | 16 | 24 | 30 | 60 | 42 | 84 | 56 | 84 | 96 | 96 | 108 | 108 |

TIMES TABLE CHALLENGE - Prim-Ed Publishing - 31

# Answers

| | P | Q | R | S | T | AA | BB | CC | DD | EE | FF | GG | HH | II | JJ |
|---|---|---|---|---|---|---|---|---|---|---|---|---|---|---|---|
| 1 | 16 | 99 | 9 | 24 | 12 | 6 | 8 | 9 | 14 | 12 | 45 | 21 | 8 | 27 | 24 |
| 2 | 12 | 40 | 9 | 33 | 30 | 0 | 14 | 18 | 3 | 10 | 16 | 12 | 21 | 20 | 32 |
| 3 | 5 | 33 | 14 | 0 | 4 | 4 | 0 | 15 | 16 | 21 | 12 | 20 | 27 | 1 | 70 |
| 4 | 9 | 50 | 12 | 36 | 24 | 9 | 10 | 2 | 15 | 24 | 15 | 8 | 32 | 12 | 0 |
| 5 | 8 | 11 | 50 | 60 | 8 | 8 | 8 | 12 | 20 | 18 | 8 | 18 | 72 | 16 | 28 |
| 6 | 7 | 20 | 77 | 12 | 35 | 7 | 70 | 20 | 6 | 8 | 60 | 10 | 30 | 24 | 30 |
| 7 | 0 | 44 | 100 | 77 | 0 | 4 | 6 | 21 | 40 | 20 | 18 | 15 | 56 | 18 | 48 |
| 8 | 45 | 10 | 6 | 48 | 25 | 12 | 16 | 30 | 18 | 30 | 32 | 18 | 48 | 96 | 54 |
| 9 | 10 | 30 | 21 | 99 | 28 | 10 | 18 | 10 | 0 | 45 | 4 | 12 | 18 | 32 | 120 |
| 10 | 24 | 88 | 16 | 55 | 1 | 16 | 20 | 4 | 18 | 77 | 12 | 0 | 36 | 45 | 63 |
| 11 | 16 | 60 | 27 | 84 | 18 | 10 | 12 | 35 | 0 | 16 | 27 | 100 | 100 | 70 | 132 |
| 12 | 30 | 55 | 24 | 22 | 16 | 12 | 27 | 18 | 9 | 21 | 10 | 0 | 0 | 0 | 96 |
| 13 | 3 | 80 | 4 | 110 | 36 | 15 | 10 | 5 | 5 | 24 | 27 | 12 | 4 | 72 | 18 |
| 14 | 32 | 66 | 24 | 11 | 20 | 60 | 18 | 16 | 35 | 36 | 24 | 8 | 72 | 28 | 12 |
| 15 | 24 | 70 | 40 | 72 | 16 | 18 | 100 | 40 | 25 | 100 | 36 | 40 | 84 | 90 | 96 |
| 16 | 77 | 22 | 36 | 44 | 35 | 2 | 9 | 12 | 18 | 0 | 20 | 16 | 27 | 110 | 60 |
| 17 | 15 | 80 | 18 | 96 | 22 | 20 | 30 | 30 | 32 | 12 | 100 | 18 | 12 | 54 | 120 |
| 18 | 28 | 60 | 28 | 0 | 27 | 40 | 28 | 0 | 21 | 27 | 32 | 45 | 16 | 30 | 60 |
| 19 | 6 | 77 | 6 | 88 | 14 | 0 | 36 | 49 | 100 | 24 | 36 | 24 | 36 | 108 | 84 |
| 20 | 80 | 10 | 32 | 120 | 40 | 33 | 21 | 27 | 24 | 14 | 56 | 36 | 48 | 48 | 36 |
| 21 | 44 | 66 | 15 | 0 | 9 | 18 | 4 | 24 | 45 | 9 | 24 | 55 | 49 | 8 | 72 |
| 22 | 49 | 100 | 8 | 96 | 70 | 10 | 55 | 45 | 64 | 56 | 36 | 1 | 48 | 54 | 108 |
| 23 | 4 | 20 | 49 | 66 | 132 | 30 | 24 | 16 | 48 | 32 | 24 | 36 | 12 | 48 | 48 |
| 24 | 88 | 50 | 18 | 108 | 24 | 14 | 0 | 48 | 42 | 121 | 28 | 42 | 50 | 110 | 108 |
| 25 | 36 | 0 | 121 | 11 | 100 | 16 | 24 | 28 | 110 | 72 | 48 | 27 | 108 | 121 | 99 |
| 26 | 64 | 110 | 132 | 84 | 49 | 12 | 90 | 56 | 0 | 54 | 45 | 30 | 144 | 120 | 81 |
| 27 | 100 | 11 | 25 | 22 | 32 | 22 | 24 | 36 | 28 | 28 | 40 | 42 | 110 | 132 | 54 |
| 28 | 60 | 132 | 63 | 144 | 6 | 55 | 32 | 70 | 99 | 48 | 55 | 121 | 36 | 144 | 96 |
| 29 | 110 | 70 | 11 | 33 | 4 | 0 | 16 | 54 | 80 | 108 | 21 | 50 | 99 | 72 | 72 |
| 30 | 54 | 22 | 20 | 132 | 36 | 20 | 18 | 14 | 4 | 36 | 0 | 48 | 56 | 96 | 144 |
| 31 | 21 | 77 | 48 | 44 | 40 | 10 | 12 | 55 | 24 | 48 | 24 | 25 | 110 | 96 | 132 |
| 32 | 18 | 0 | 45 | 110 | 54 | 44 | 25 | 8 | 56 | 81 | 36 | 56 | 132 | 63 | 8 |
| 33 | 42 | 121 | 30 | 66 | 121 | 16 | 35 | 36 | 22 | 144 | 42 | 36 | 25 | 55 | 64 |
| 34 | 24 | 90 | 0 | 121 | 20 | 50 | 24 | 24 | 12 | 49 | 25 | 54 | 2 | 40 | 45 |
| 35 | 120 | 0 | 42 | 120 | 21 | 9 | 3 | 25 | 40 | 54 | 36 | 49 | 120 | 60 | 72 |
| 36 | 25 | 40 | 64 | 55 | 0 | 6 | 88 | 63 | 81 | 18 | 30 | 45 | 40 | 54 | 84 |
| 37 | 36 | 90 | 36 | 36 | 64 | 12 | 0 | 10 | 48 | 72 | 49 | 28 | 108 | 84 | 60 |
| 38 | 72 | 120 | 42 | 12 | 77 | 15 | 22 | 40 | 49 | 96 | 54 | 80 | 144 | 132 | 90 |
| 39 | 35 | 30 | 56 | 99 | 28 | 6 | 10 | 24 | 16 | 0 | 88 | 0 | 0 | 60 | 110 |
| 40 | 12 | 55 | 81 | 24 | 108 | 18 | 16 | 32 | 0 | 88 | 80 | 32 | 72 | 48 | 54 |
| 41 | 20 | 120 | 70 | 0 | 56 | 16 | 24 | 1 | 24 | 84 | 24 | 81 | 81 | 108 | 40 |
| 42 | 63 | 33 | 16 | 60 | 10 | 30 | 40 | 42 | 56 | 25 | 33 | 28 | 14 | 36 | 48 |
| 43 | 18 | 132 | 96 | 88 | 81 | 8 | 36 | 0 | 30 | 56 | 48 | 50 | 32 | 84 | 108 |
| 44 | 48 | 44 | 132 | 48 | 48 | 20 | 45 | 30 | 88 | 44 | 24 | 24 | 42 | 81 | 72 |
| 45 | 0 | 99 | 54 | 72 | 36 | 14 | 20 | 8 | 63 | 110 | 64 | 64 | 24 | 108 | 48 |
| 46 | 40 | 110 | 10 | 132 | 132 | 18 | 25 | 36 | 36 | 48 | 27 | 110 | 90 | 72 | 36 |
| 47 | 96 | 0 | 72 | 96 | 15 | 0 | 28 | 44 | 24 | 60 | 0 | 16 | 80 | 84 | 84 |
| 48 | 99 | 88 | 21 | 77 | 144 | 30 | 21 | 21 | 54 | 63 | 32 | 56 | 100 | 72 | 10 |
| 49 | 84 | 44 | 36 | 84 | 96 | 25 | 36 | 24 | 32 | 42 | 99 | 54 | 72 | 120 | 16 |
| 50 | 56 | 132 | 72 | 108 | 63 | 12 | 35 | 42 | 72 | 72 | 56 | 12 | 96 | 108 | 36 |

TIMES TABLE CHALLENGE - Prim-Ed Publishing